인 류 의 위 대 한 지 적 유 산

인류의위대한지적유산

플라톤

소피스테스

김태경 옮김

한길사

인류의위대한지적유산

Platon

ΣΟΦΙΣΤΗΣ

Translated by
Kim Tae-kyoung

Published by Hangilsa Publishing Co., Ltd., Seoul, Korea

헬라스(고대 그리스)를 대표하는 철학자 플라톤
소크라테스의 제자로 아테네 교외에 아카데메이아를 설립하여 많은 후학을 양성하였으며, 그의 이데아설은 서양철학에 지대한 영향을 미쳤다.

라파엘로가 그린 「아테네 학당」(부분)
이 그림은 플라톤과 아리스토텔레스의 철학적 관점의 차이를 대조적으로 보여준다. 플라톤(왼쪽)은 자신의 우주론을 기술한 저작 『티마이오스』를 들고 다른 손으로 위쪽을 가리키고, 아리스토텔레스는 인간의 구체적 삶에 관련된 저작 『니코마코스 윤리학』을 들고 다른 손으로 아래쪽을 가리키고 있다.

플라톤의 아카데메이아
플라톤은 기원전 387년경 철학 및 학문 일반의 교육과 연구를 위한 기관으로 아카데메이아를 설립했다. 이곳에서는 좁은 의미에서의 철학뿐만 아니라 수학과 수사학 등 다양한 학문 분야들을 탐구하였다.

헬라스의 시민들이 모여 다양한 활동을 한 집회장소 아고라
호메로스의 작품에 처음 나오는 이 말은 물리적 장소만이 아니라 사람들의 모임 자체를 의미했다. 헬라스인들은 종교활동 · 정치행사 · 재판 · 사교 · 상업활동을 모두 '아고라'라고 불렀다.

아크로폴리스에서 내려다본 디오니소스 극장의 모습
아크로폴리스 남쪽에 있으며 소포클레스, 에우리피데스, 아이스킬로스, 아리스토파네스의 연극이 경연되던 곳이다. 이 극장 중앙에는 제단과 지름이 18미터가 넘는 합창대석이 있다.

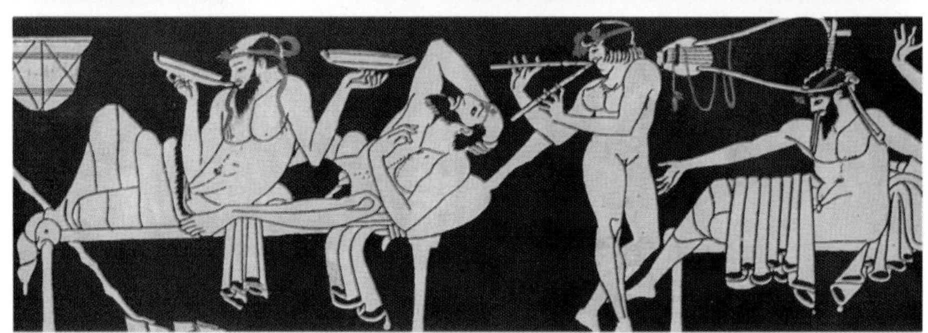

(위) 도자기를 만드는 도공을 재현한 그림. 헬라스어로 장인을 뜻하는 말은 dēmiourgos인데, 원래 이 말은 '민중(dēmos)에게 필요한 것을 만들어내는 자'를 뜻한다.
(아래) 심포지온(symposion) 장면을 묘사한 도자기 그림. 심포지온은 '함께 마심'을 뜻하는 헬라스어이며 주로 포도주를 마시면서 대화를 나누는 자유로운 모임이다. 물론 이때 술 마시기보다는 대화가 주된 목적이다.

철필로 밀랍판에 글씨를 쓰고 있는 헬라스인

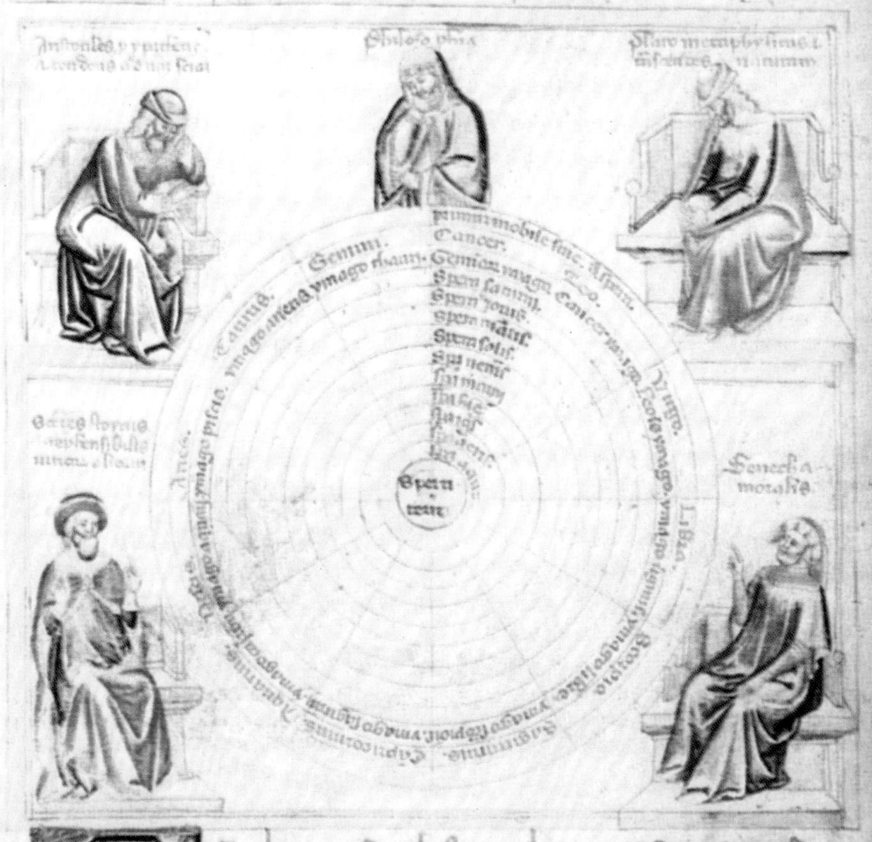

르네상스 시대에 그려진 존경받는 네 철학자

왼쪽 위로부터 시계방향으로 아리스토텔레스, 플라톤, 세네카, 소크라테스.

피타고라스의 조각상
피타고라스 학파가 플라톤 철학에 미친 영향은 대단히 크다. 그들은 모든 사물들 내지 현상들이 일정한 수적 비율로 한정되는 것으로 보아 이 우주까지도 수적인 질서를 갖는 아름다운 것으로 보았다.

20세기의 대표적인 철학자 화이트헤드
그는 "유럽의 철학적 전통은 플라톤에 대한 일련의 각주로 이루어져 있다"고 말함으로써 서양철학에서 플라톤 철학의 영향이 지대했음을 강조했다.

독일의 신학자 슐라이어마허

그는 헬라스어로 된 『신약성서』뿐만 아니라, 플라톤의 대화편들을 독일어로 탁월하게 번역하여 높은 평가를 받았다.

옮긴이 **김태경**은 성균관대학교 철학과를 졸업했다. 같은 대학교 대학원에서 서양고대철학 전공으로 철학박사학위를 받았다.

지은 책으로 『플라톤의 후기 인식론』(성균관대출판부, 2000), 『플라톤의 정치가』(성균관대출판부, 2006) 등이, 옮긴 책으로 『정치가』(한길사, 2000), 『철학의 거장들 1』(한길사, 2001), 『플라톤』(김영사, 2001), 『아리스토텔레스』(김영사, 2005) 등이 있다. 주요 논문으로는 「플라톤의 『정치가』에서 정치체제와 법률」, 「플라톤의 『정치가』에서 측정술」, 「플라톤에서 사람됨과 훌륭한 삶」, 「플라톤의 변증술에 있어서 나눔과 결합」, 「플라톤의 후기 변증술」 등이 있다. 성균관대 연구교수를 거쳐 현재는 수석연구원으로 있다.

GB

한길그레이트북스

인류의위대한지적유산

플라톤

소피스테스

김태경 옮김

한길사

소피스테스

차례

플라톤 철학에서의 변증술과 비존재

• 플라톤과 '소피스테스'

김태경 성균관대 수석연구원 · 철학

1. 플라톤의 생애와 대화편들

플라톤(Platōn)은 페리클레스가 죽은 이듬해인 428/427년 아리스톤(Aristōn)과 페릭티오네(Periktionē)의 아들로 태어나 348/347년에 죽은 것으로 알려져 있다.[1] 아버지 아리스톤은 11세기 아테네의 마지막 왕이었던 코드로스의 후손이며, 어머니 쪽은 초기 헬라스의 입법가인 솔론(Solōn)과 연결된다. 어머니 페릭티오네는 플라톤이 어렸을 때 남편과 사별한 뒤 페리클레스의

1) 출생년도가 이중으로 제시된 것은 당시 아테네의 달력 자체에서 비롯된 혼란이다. 그 무렵 아테네인들은 새해를 하지가 지난 뒤 첫달, 그러니까 오늘날의 태양력으로 치면 7~8월에 해당하는 달(Hekatombaion)로부터 시작해 6~7월에 해당하는 달(Skirophorion)로 끝나게 했는데, 이 경우 플라톤이 태어났다는 5~6월(Targelion)이 전년인지 아니면 후년인지 분명치 않기 때문이다(박종현, 『플라톤』 메논 · 파이돈 · 국가, 서울대학교출판부, 3쪽 참조).

열렬한 지지자인 피릴람페스(Pyrilampēs)와 재혼했다.[2] 그래서 플라톤은 어린 시절을 외가 쪽에서 보냈던 듯하다.

404년 플라톤은 자연스럽게 과두정권을 이끌었으며, 소크라테스의 친구이기도 한 외숙 카르미데스와 외당숙 크리티아스를 통해 어린 시절부터 소크라테스를 알게 되었다. 그는 청년 시절 정치적 야망을 품고 있었으나, 현실정치에 가담하라는 과두파들의 권유를 그들의 폭력적 행위 때문에 거부했다. 과두정권이 몰락한 뒤 그는 새로 들어선 민주정권에 기대를 걸었지만, 뜻밖에도 소크라테스가 젊은이들을 타락시키고 국가가 믿는 신들을 믿지 않는다는 죄목으로 고발되어 사형당하는 것을 보고 아테네의 현실정치에서 멀어졌다.[3]

399년 민주정권이 소크라테스를 사형에 처하자, 플라톤은 잠시 메가라로 피해 있다가 이후 12년 동안 이집트, 이탈리아 등지를 여행했다고 전해진다. 플라톤 자신도 『일곱번째 편지』에서 40세경 남이탈리아를 거쳐 시켈리아(시칠리아) 섬 동쪽 해안에 있는 시라쿠사이(Syrkousai)를 여행했다고 썼다.[4] 거기서 플라톤은 그곳 통치자인 디오니시오스(Dionysios) 1세의 처남 디온(Diōn)을 만나

2) 이들 사이에서 안티폰(Antiphōn)이 출생하는데, 안티폰은 뒷날 『파르메니데스』에서 이 대화를 들려주는 인물로 등장한다. 아울러 플라톤의 형제들로는 글라우콘(Glaukōn)과 아데이만토스(Adeimantos)가 있는데, 그의 형들로 추정된다. 그리고 포토네(Potōnē)라는 누이도 있었는데, 이 누이한테서 훗날 그가 세운 아카데메이아 학원을 이어받은 스페우시포스(Speusippos, 407~339년경)가 태어난다.

3) 소크라테스가 플라톤에게 미친 영향은 다른 어떤 철학자보다 더 커서, 소크라테스의 죽음은 플라톤에게 가장 큰 충격을 안겨준 사건이었다.

4) 제1차 시켈리아 방문이라 한다.

정신적 교류를 나누기 시작한다.

387년경 아테네로 돌아온 플라톤은 철학 및 학문 일반의 교육과 연구를 위한 기관인 아카데메이아(Akadēmeia, Akadēmia)를 설립했다. 아카데메이아에서는 좁은 의미의 철학만이 아니라 수학이나 수사학과 같은 다양한 분야들이 탐구되었다. 거기서 그는 몸소 강의를 했으며, 제자들과 함께 문답을 통한 공동탐구를 했다. 특히 아카데메이아는 수사술(修辭術)의 교육에 집중된 이소크라테스(Isokratēs)의 학원과는 달리 절도있는 공동생활과 학문적 논의 자체 및 훈련, 그리고 헬라스의 현상 타파를 위한 참된 지적인 지도자들을 배출하는 것이 설립 취지였다.

더욱이 이 학원을 세운 후 플라톤은 40년 가까이 활동했기 때문에 이곳에서 많은 학문적 업적이 이루어졌을 뿐 아니라 훌륭한 학자들이 많이 배출되었다. 예를 들면 4세기의 원뿔곡선론에 관한 연구와 같은 중요한 수학적 작업들이 이 아카데메이아에서 이루어졌으며, 테아이테토스는 입체기하학을 창시했고, 플라톤의 부재시에 아카데메이아의 교장 역할을 했던 에우독소스는 비례론 및 곡면체의 면적과 부피를 찾는 방법을 고안했다. 그리고 플라톤의 친구 아르키타스는 역학을 창안했고, 플라톤의 조카로서 플라톤이 죽은 후 아카데메이아의 교장이 된 스페우시포스는 자연사에 관한 많은 글들을 남겼으며, 생물학에 관한 아리스토텔레스의 초기 저술들이 플라톤이 죽은 직후에 씌어졌다. 아카데메이아는 특히 법률 및 실제적인 법 제정에도 관심을 기울였다. 이 학원의 많은 동료들이 입법이나 정치적 자문을 위해 여러 나라로 초빙되어갔던 사실이 이를 증명해준다.

플라톤의 말년에 일어난 주목할 만한 사건은 그가 시라쿠사이의 현실정치에 관여한 것이었다. 플라톤이 60세 되는 367년 디오니시오스 1세가 죽자 디온은 플라톤을 초빙해서[5] 왕위를 계승한 디오니시오스 2세의 마음속에 철인치자(哲人治者)의 사상을 심어주고자 했다. 그러나 이 계획은 젊은 참주가 정치적 강자인 디온을 시기하는 바람에 무산되고 말았다. 365년경 플라톤은 아테네로 되돌아온다. 그 후 그는 다시 시라쿠사이를 방문해(361~360)[6] 두 사람을 화해시키고 디오니시오스 2세에게 애초의 생각을 심어주려 했으나 실패했다. 67세에 다시 아테네로 돌아온 플라톤은 그 후 13년간 활발히 학문 활동을 하다가 348/347년에 죽는다.

대화편들의 일반적 특징

플라톤의 대화편들은 중세 기독교 시대가 시작될 무렵 『편지들』을 한묶음으로 해서 9개의 4부작, 총 36편으로 정리되었다. 그러나 오늘날 『알키비아데스 I』(*Alkibiadēs I*), 『알키비아데스 II』(*Alkibiadēs II*), 『테아게스』(*Theagēs*), 『에라스타이』(*Erastai*), 『클리토폰』(*Klitophon*), 『히파르코스』(*Hipparchos*), 『미노스』(*Minōs*) 등은 위작으로 밝혀졌으며, 대부분의 학자들은 『법률』(*Nomoi*)의 부록인 『에피노미스』(*Epinomis*)를 오포스의 수학자인 필리포스[7]가 쓴 것으로 믿고 있다. 어떤 학자들은 『대(大)히피

5) 제2차 시켈리아 방문이라 한다.

6) 제3차 시켈리아 방문이라 한다.

7) 수학자이자 천문학자로 플라톤의 제자이다.

아스』(*Hippias Meizōn*), 『메넥세노스』(*Menexenos*)도 의심스럽게 생각한다. 13개의 『편지들』 대부분은 위작으로 밝혀졌지만, 플라톤의 생애 및 철학적 관심에 관한 중요한 정보가 담긴 『일곱번째 편지』는 여전히 논란이 되고 있다.

어쨌든 이 대화편들의 저술 순서를 확정짓는 일은 플라톤 철학의 전개를 정확히 이해하는 데 매우 중요하다. 하지만 플라톤 자신은 그 순서에 대해서 거의 언급하지 않았다. 다만 『소피스테스』(*Sophistēs*)와 『정치가』(*Politikos*)의 경우만 외형상으로 『테아이테토스』(*Theaitetos*, 368년경)와 연결되는 것으로 대화가 구성되어 있다. 일반적으로 현대의 학자들은 문체상의 특징에 준거해서 『소피스테스』, 『정치가』, 『필레보스』(*Philēbos*), 『티마이오스』(*Timaios*), 『크리티아스』(*Kritias*), 그리고 『법률』 순으로 후기 대화편들을 꼽는다. 『소피스테스』를 후기 대화편들의 첫머리에 놓은 까닭은 그것이 『테아이테토스』에 이어지는 것으로 플라톤이 말하고 있기 때문이다. 그리고 전기 대화편들의 마지막에는 흔히 『테아이테토스』와 『파르메니데스』(*Parmenidēs*)가 놓인다고 생각한다. 또한 『프로타고라스』(*Prōtagoras*)를 포함하여 극적인 힘이 넘치는 『향연』(*Symposion*)과 『파이돈』(*Phaidōn*), 『국가』(*Politeia*) 등은 전기 저술들 가운데서도 가장 중요한 위치를 차지하고 있다.

여기서 편의상 대화편들을 『테아이테토스』를 기점으로 전기와 후기로 나눈 것은, 이 대화편 이후 플라톤 철학이 한층 발전된 모습을 보여주고 있기 때문이다. 한편 『테아이테토스』 이전 대화편들 가운데 플라톤이 40세 이전에 쓴 것들은 소크라테스의 영향하에 있었기 때문에 초기 대화편들로, 그리고 그 후에 씌어진 것들은 중기 대화편들로 불린다.

한데 이렇게 씌어진 많은 대화편들에서 플라톤 자신은 한 번도 대화자로 등장하지 않는다. 대화자들은 대개 역사적 인물들이며, 소크라테스가 주인공으로 등장하는 경우가 많다. 따라서 대화편들 속에서 플라톤이 단지 그들의 생각을 보고만 하고 있는 것인지, 아니면 그들의 입을 통해 자신의 견해를 밝히고 있는 것인지는 문제가 된다.

어쨌거나 대부분의 대화편에 소크라테스가 등장하기 때문에 소크라테스를 떼어놓고는 플라톤을 말할 수 없다. 특히 소크라테스의 죽음으로 인해 철학을 하게 된 플라톤으로서는 그의 영향에서 벗어날 수 없었으며, 그의 행각에 대한 철학적 재구성은 40세 이전에 씌어진 초기 대화편들로 결실을 맺는다. 이 대화편들은 대개 윤리적 개념을 '정의하는 일'(horizesthai)에 관련된 것으로 '논박'(elenchos)의 성격이 강하다. 이를테면 이 대화편들에서 우리는 소크라테스가 용기와 우정, 절제, 경건함, 올바름, 훌륭함의 개념들에 대해 '그것이 무엇인지'(ti esti)를 집요하게 묻고 있음을 본다. 우리는 이 대화편들을 소크라테스적 '방법적 대화편들'로 부른다.

중기 이후의 대화편들에서도 소크라테스는 대부분 등장하지만, 이 대화편들을 통해 플라톤 자신의 철학이 제 모습을 드러내기 시작하면서 소크라테스는 자기 것이 아닌 플라톤 철학의 대변자 역할을 차츰 확대해나간다. 그러다가 『소피스테스』와 『정치가』에서는 엘레아에서 온 손님이, 마지막 저서인 『법률』에서는 익명의 아테네인이 나와 거침없이 자기 생각을 말하며 대화를 이끌어나가는

데, 이들은 플라톤 자신의 대변자들로 보아야 할 것이다. 따라서 이 대화편들에서는 플라톤 자신의 철학이 개진되고 있다. 『테아이테토스』 이후의 대화편들에서는 그의 고유한 사상이 한층 치밀한 논리로 논의되고 있다.

『파이돈』에서 플라톤은 현상들을 설명하기 위해 형상(eidos)이라는 형이상학적 존재(ousia)를 내세우고 있는데, 여기서 소크라테스와 플라톤은 결정적으로 구별된다. 소크라테스적인 대화편들에서 'eidos' 나 'idea' 는 '본질적인 특성' 정도로 옮길 수 있는 것으로, '존재' 를 의미하는 것은 아니었다.[8)]

이제 『파이돈』에 언급된 형상이론을 간략히 살펴보자. '있는 것들' (ta onta)을 우리의 주관과 관련지으면 두 가지로 나뉜다. 하나는 '가시적' (horaton)이요, '감각에 의해서 지각할 수 있는' (aisthēton) 것이지만, 다른 하나는 '보이지 않는' (aides) '지성에 의해서 알 수 있는' (noēton) 것이겠는데, 이는 "…인간들의 본성(physis)에 대응하는 것들로서 하는 말이다" (79b). 뒤엣것이야말로 '언제나 똑같은 방식으로 한결같은 상태로 있는 것' (79d, 80b)이며, '한가지 모습(보임새)으로 있는' (monoeides on) 것이다 (78d). 이걸 '형상' 또는 '이데아' 라 한다. 플라톤은 이 둘 사이의 관계를 『파이돈』 100c~102b에서 사물의 형상 또는 이데아에 대한 '관여' (methexis), 형상이 사물에 '나타나 있게 됨' (parousia) 또는 양쪽의 '결합' (koinōnia)이라는 표현들을 써서 설명한다.

그러나 이러한 형상이론에 대한 철저한 검토가 『파르메니데스』

---

8) 박종현 옮김, 『국가·政體』, 서광사, 27쪽 참조.

에서 이루어진 뒤, 『테아이테토스』 이후에 씌어진 후기 대화편들인 『소피스테스』와 『정치가』에서는 형상들의 상호결합관계(koinōnia)가 본격적으로 다루어지고 있다. 이 대화편들에 이르면 형상은 이미 '한가지 보임새'로 나타나지 않고 결합형태로 나타나기 때문이다. 그렇기 때문에 형상이론은 이 대화편들에서 앞서보다 한층 더 발전된 형태의 논의로 선보이고 있다.

전기 대화편들

『국가』는 윤리적 · 미학적 · 형이상학적 측면이 모두 포함된 하나의 결합체로서 그야말로 방대한 대화편이다. 그러나 이 시기의 다른 대화편들은 주로 한 가지 측면에서 두드러진 모습을 보여준다. 이를테면 『파이돈』은 형이상학적 주제에, 『프로타고라스』와 『고르기아스』(*Gorgias*)는 윤리적인 주제에, 『향연』과 『파이드로스』(*Phaidros*)는 미학적인 주제에 주된 관심을 보인다. 그렇다고 해서 이 대화편들이 한 가지 주제에만 국한되어 있는 것은 아니다.

방법적인 대화편들

윤리적인 덕(德)과 같은 좀더 특수한 문제들을 다루는 한결 짧은 대화편들은 다음과 같은 전형적인 공통점을 갖고 있다. 즉 먼저 훌륭함(덕, aretē)을 바르게 정의하려는 윤리적인 물음(ti esti;)이 제기된다. 다음으로 대화를 통해서 많은 해결책들이 제시되지만, 결국 그것들 모두는 하나같이 부적절한 것으로 폐기된다(논박, elenchos). 독자는 마지막에 가서야 비로소 우리가 알아야 할 것들에 관한 자신의 무지를 깨닫고 스스로 앎에 이른다(산파술, maieutikē). 따라서 소크라테스의 방법은 해결하기 어려운 물음들(aporiai)을 던지면서 대화 상대자가 제시하는 다양한 견해들을 끊임없이 '논박' 한다. 그러니까 이 대화편들이 노리는 효과는 '무지의 자각' 이라는 소크라테스의 정신을 읽게 하는 것이다.

이런 소크라테스의 방법이 문답법(dialektikē)이다. 그리고 결국에 가서 독자들은 이를 통해서 인생에서 가장 중요한 일은 '혼(psychē)의 보살핌' 이라는 소크라테스의 원리와, 혼의 훌륭함이야말로 선(좋음)과 악(나쁨)에 관한 지식이라는 그의 확신이 무엇을 의미하는지를 배우게 된다.

『변론』(*Apologia*)에서 우리는 불경죄에 대한 재판에서 행한 소크라테스의 연설을 볼 수 있다. 『크리톤』(*Kritōn*)은 소크라테스가 사형을 피하려 하지 않는 이유를 설명하면서 시민적 의무의 본질과 원천을 고찰하고 있다. 재판 직전의 상황을 묘사하고 있는 『에우티프론』(*Euthyphrōn*)은 신들에 대한 인간의 태도인 경건함을 주제로 하고 있다. 플라톤은 이 세 대화편에서 소크라테스가 재판을 회피하는 것이나, 타협적인 자세로 변론을 하는 것이나, 또는 사형선고 뒤에 도주하는 것이 왜 양심에 어긋나는 일이라고 생각했는지를 설명하려 했다.

『대히피아스』는 '아름다움이란 무엇인가?' 라는 물음을 제기하며, 『소히피아스』는 '나쁜 행위는 비자발적인 행위' 라는 역설을 다루고 있다. 『이온』(*Iōn*)은 '지식' 이 아니라 비합리적인 영감에 의존해서 창작하는 시인들에 대한 불신을 보여준다. 페리클레스의 정부인 아스파시아한테서 배운 추도연설을 반복한다고 하는 『메넥세노스』는 애국심을 빙자해서 역사를 왜곡하는 자들을 비웃고 있다. 전형적인 방법적 대화편들인 『카르미데스』(*Charmidēs*)는 '절제'를, 『라케스』(*Lachēs*)는 '용기'를, 『리시스』(*Lysis*)는 '우정'을 다루고 있다.

『크라틸로스』(*Kratylos*)에서는 단어들이 본성적으로 의미를 갖는지, 아니면 관습에 의해 의미를 갖는지 하는 언어의 정당성(onomatos orthotēs, 383a4~5) 문제가 고찰된다. 플라톤은 언어는 사고의 수단이기 때문에, 그것의 정당성은 단순히 사회에서 통용되는 방식이 아니라 사고를 정확히 표현하는 그것의 순수한 능력에 의해서 검토되어야 한다고 주장했다. 『에우티데모스』(*Euthydēmos*)는 언어의 모호함을 이용해 사람들을 혼란에 빠뜨리는 '논쟁가'들을 비웃고 있다. 하지만 이 대화편의 참된 의도는 사물들의 소유가 아니라 그것들의 바른 사용만이 행복을 보증한다는 소크라테스의 간절한 '권고'를 통해 쓸데없는 논쟁들을 없애려는 것이다.

윤리적인 대화편들

『고르기아스』와 『프로타고라스』, 『메논』(*Menōn*)은 윤리적 주제들에 대해 각별한 관심을 보이고 있다. 『고르기아스』는 수사술의 가치와 본성에 관한 탐구에서 시작해 삶을 지배하는 원리인 도덕성에 필요한 것이 변론술인지 아니면 논리적 능력인지 하는 논의로 나아간 다음, 올바른 혼의 소유자와 올바르지 않은 혼의 소유자가 갖는 영원한 운명을 그려보이면서 끝을 맺는다. 고르기아스는 수사술이 모든 기술(technē)의 왕이라고 주장한다. 반면 소크라테스는 수사술은 기술이 아니라 청중들의 비위만 맞추는 한갓 '기교' 일 뿐이라고 단언한다.

혼의 건강에 도움이 되는 두 기술로는 입법가의 기술과 재판관의 기술이 있다. 선(좋음) 대신 쾌락(즐거움)을 기준으로 삼고 소피스테스는 입법가처럼, 변론가는 재판관처럼 위장한다. 변론가는 국가의 질병을 치료하는 의사가 아니라 아첨꾼일 뿐이다. 이 신랄한 비판에 대해 고르기아스를 지지하는 폴로스는 성공한 변론가는 실제로는 공동체의 독재자이며, 그런 사람만이 자신이 원하는 일을 할 수 있기 때문에 행복의 정점에 도달한다는 반론을 편다. 소크라테스는 이 견해를 "그릇된 것을 겪는 일도 나쁘지만, 그걸 가하는 일은 더 나쁘다" 라는 역설로써 거부한다. 만일 수사술이 실제로 사람들에게 도움이 된다면, 그건 무엇보다 범죄자에게 도움이 될 것이다. 왜냐하면 그는 그걸 이용해서 재판관의 마음을 돌리려 할 것이기 때문이다.

다음으로 극단적인 비도덕주의자인 칼리클레스는 여태까지의 모든 주장을 부정한다. 대중의 관습에서는 사람들을 해치는 것이 나쁜 일이겠지만, '자연의 관습' 에서는 힘센 자들이 자신이 바라는 대로 힘을 사용하는 것은 정당하며 약한 자는 강한 자에게 굴복할 수밖에 없다. 그러나 소크라테스는 제국주의화된 아테네의 민주주의를 이끄는 자들은 참된 치자(治者), 즉 민주주의를 보살피는 의사가 아니라 대중의 입맛에 맞게 민주주의를 요리하는 요리사들에 지나지 않는다고 생각했다. 그러나 행복한 삶은 욕구의 끊임없는 충족에 있는 것이 아니라 올바름과 절제에 의해 조절된 욕구의 적절한 만족에 있다.

『메논』은 훌륭함(aretē)이란 무엇이며, 그것은 가르칠 수 있는 것인가의 문제를 고찰하고 있다. 뒤의 문제는 앞의 문제에 의존해 있다. 하지만 훌륭함에 대한 탐구는 어렵다. 그것에 관한 탐구의 가능성은 메논의 역설에 의해 위협받기 때문이다. 어떤 사람이 자신의 탐구 주제에 대해 무지하다면, 설사 그걸 발견했더라도 그는 알지 못한다는 것을 인식할 수 없다. 반면 그가 그걸 이미 알고 있다면, 이미 알고 있는 것을 탐구해봐야 쓸데없는 일이다. 그러나 만일 혼이 불멸하며 오래 전에 모든 진리를 배웠다면, 그래서 이제 다만 한때 알고 있었던 진리들을 다시 기억해내는 일만 필요하다면, 메논의 역설로 인한 어려움은 사라질 것이다.

이를 증명하기 위해 소크라테스는 기하학을 배운 적이 없는 노예소년이 수학적 진리들의 인식에 이르는 과정을 보여준다. 노예소년은 '자기 자신한테서' 정답을 이끌어낸다. 결국 지식은 '상기'(anamnēsis)이다. 그런 다음 소크라테스는 훌륭함은 지식(epistēmē)이라 가정하고, 그것은 가르칠 수 있는 것이라고 추론한다.

그러나 만일 훌륭함이 지식이라면, 그걸 전문적으로 가르치는 이들이 있어야만 한다. 아니토스는 그런 전문가라고 자처하는 소피스테스들은 공동체를 해치는 사기꾼이며, '훌륭하디 훌륭한 사람들' 조차 그걸 자기 자식들에게 가르칠 수는 없었다"고 주장한다. 『메논』은 지식과 참된 판단(alēthēs doxa)을 구별하고, 훌륭함은 가르침이 아니라 신적인 섭리(천행, theia moira)에 의해 있게 되는 것임을 암시하면서 끝난다.

『프로타고라스』는 소크라테스의 도덕성의 주된 원리들을 완벽히 보여준다. 『프로타고라스』에서 유명한 소피스테스인 프로타고라스는 자신이 하는 일이 '훌륭함의 가르침', 즉 한 사람의 삶 및 한 나라를 성공으로 이끄는 기술의 가르침이라고 설파한다. 그러나 소크라테스는 그건 가르칠 수 있는 것이 아니라고 주장한다. 그러고 나서 흔히 알고 있는 여러 훌륭함들은 실제로 다른 것들인가, 아니면 모두 하나인가 라는 문제가 제기된다.

프로타고라스는 궁극적으로 용기를 제외한 모든 훌륭함을 지혜와 동일시하려 한다. 하지만 소크라테스는 용기의 경우에서조차 훌륭함은 우리가 고통과 위험에 직면해 그것에서 벗어나려 하는 데 있음을 보여주고자 한다. 따라서 모든 훌륭함은 쾌락과 고통의 신중한 헤아림으로 환원될 수 있다. 여기에 그러니까 "아무도 나쁜 행위를 원해서 하는 것은 아니다"라는 소크라테스의 두번째 '역설'이 있다. 즉 나쁜 행위는 잘못 헤아린 결과이다. 소크라테스가 쾌락주의를 받아들이는 것처럼 보이는 것은 이 대화편의 방법적 특징 때문이다.

이런 윤리적인 대화편들에서 소크라테스는 인간의 주된 관심은 합리적인 도덕적 인격을 계발하는 것이며, 이런 계발이야말로 인간의 궁극적 행복의 실현을 위한 열쇠라고 주장한다. 이를 실현하기 위해 우리는 우리 마음속에 있는 사람을 사람답게 해주는 기능인 이성을 찾아내어 그것을 활용함으로써 참된 선을 통찰해야만 한다. 만일 어떤 사람이 선이 무엇인가를 이성을 통해 확실히 알고 있다면, 그는 그것 이외에 다른 어떤 것도 추구하지 않을 것이다. 따라서 이성을 통해 선을 앎으로써 사람의 사람다움(aretē)은 실현된다. 이런 의미에서 "훌륭함은 지식이다".

이런 도덕적 확신의 형이상학적 기초를 제공하는 원리들은 『파이돈』에서 한층 더 분명히 설명되고 있다. 『파이돈』은 혼의 불멸에 대한 믿음이 우주의 구조에 관한 합리적 실마리를 제공하는 형상이론에서 나온다는 것을 보여주고 있다.

『파이돈』은 죽은 뒤에도 혼은 살아 있다는 생각을 정당화하는 다음 네 논증을 펼치고 있다.

첫째, 혼은 많은 삶들의 연속을 갖는다. 자연의 과정은 순환적이며 이런 순환은 삶과 죽음의 경우에도 적용된다고 보아야 하기 때문이다. 그렇지 않고 만일 죽음의 과정이 되돌릴 수 없는 것이라면 삶은 결국 우주에서 사라질 것이다.

둘째, '배움은 상기이다' 라는 이론은 혼의 삶이 육체에서 독립해 있다는 것을 보여준다.

셋째, 혼은 영원불변한 단일한 형상들을 관상한다. 혼은 형상들과 동류의 것이다. 따라서 혼은 불멸한다.

넷째, 소크라테스는 형상을 존재와 변화의 원인으로 제시한다. 어떤 것이 뜨거워지는 것은 그것이 뜨거움(형상)에 관여할 때이다. 즉 그게 뜨거워지는 것은 그것에 뜨거움을 가져오는 불(형상)에 관여할 때이다. 불이 뜨거움을 가져온다면, 불은 뜨거움의 대립자인 차가움을 받아들일 수 없다. 따라서 이 모든 것은 혼에도 적용된다. 인간은 삶에 관여함으로써, 즉 인간에게 삶을 가져다주는 혼을 가짐으로써 살아 있다. 혼은 삶을 가져오므로, 혼은 삶의 대립자인 죽음을 받아들일 수 없다. 따라서 혼은 불멸한다.

미학적인 대화편들

『향연』의 당면한 목적은 영원한 대우주의 아름다움과의 합일을 열망하면서 세계를 지배하고 있는 사랑(erōs)을 최상의 상태로 드러내는 것이다. 사랑은 혼에서 좋은 것(선)에 이르려는 욕구이며, 그 대상은 영원한 아름다움이다. 그것의 소박한 형태인 아름다운 사람에 대한 사랑은 그 사람을 통해 자식을 봄으로써 불멸성을 얻으려는 열정이다.

정신적인 사랑은 삶의 건강한 제도와 규칙들을 출산하기 위해서 동류의 혼과 결합하려는 열망이다. 한층 정신적인 것은 지적인 대화를 통해 철학과 학문을 살찌우려는 노력이다. 이러한 노력을 끊임없이 하다 보면, 불현듯 여태까지의 모든 아름다움들의 원인이 되는 최상의 아름다움을 발견할 수 있다. 철학자의 길은 모든 형상들 가운데 최상의 것인 선(좋음)의 형상을 통찰함으로써 정점에 이른다.

『파이드로스』는 어떻게 참된 수사술이 논리적인 방법 및 인간의 열정들의 탐구라는 이중의 기초 위에 세워질 수 있는가를 주제로 삼고 있다. 하지만 플라톤은 이 주제를 혼에 관한 이론에서 논의된 사랑에 결부시킨 다음 형상들을 초월적 욕구 및 신비적 관상의 대상들로서 말한다. 혼은 출생 전 육체를 갖지 않은 상태에서는 형상들을 직접적으로 관상할 수 있다. 그러나 감각경험은 '사랑에 빠짐' 이라는 놀라운 방식으로 아름다움의 형상을 암시할 수 있다. 사랑에 빠진 사람의 무분별함과 광기는 혼의 날개가 다시금 자라기 시작함을 뜻한다. 이것은 혼이 자신의 지위를 되찾는 첫 단계이다.

'국가'

『국가』에서는 '올바름(올바른 상태, 正義, dikaiosynē)은 무엇인가?', 그리고 '올바름은 올바른 사람을 이롭게 하는가?'와 같은 윤리적 문제를 직접적으로 다룬다. 올바름은 전체를 구성하는 다양한 부분들이 자신의 고유한 기능을 수행하고 다른 부분들의 기능에 간섭하지 않을 때 실현되는 조화로운 상태이다.

개인의 올바름은 그의 혼을 이루는 세 부분, 즉 이성적 부분, 욕구적 부분, 그리고 기개적(격정적) 부분이 저마다 제 할 일을 할 때 실현된다. 공동체에서의 올바름도 구성원들 모두가 자신들의 정해진 역할을 수행할 때 나타난다. 특히 조화로운 상태는 개인한테서는 이성이, 공동체에서는 선의 형상을 통찰한 철학자가 지배할 때 이루어진다. 『국가』에서는 '세 유형의 삶(역할들)', 즉 지혜를 사랑하는 철학자의 삶, 욕구충족을 바라는 자의 삶, 현실적인 문제들의 처리에 관여하는 활동적인 사람의 삶을 구별하고 있다. 이런 구별은 개인의 세 요소를 반영한다.

플라톤은 이런 삼분법을 적용해 공동체의 구성원들을 세 계층, 즉 통치자, 수호자, 시민으로 나눔으로써 올바른 사회의 구조를 규정하려 한다. 이 질서는 각기 이성적 부분, 욕구적 부분, 기개적 부분에 상응하며, 이것들에 상응하는 덕(훌륭함)들로는 지혜, 용기, 절제가 있다. 이런 계층의 구별은 출신이나 부(富)가 아니라 국가가 제공한 교육에 근거해 이루어진다. 각각은 시험과정을 거쳐 자신의 혼의 우세한 부분에 따라 그에 적합한 계층에 속하게 된다. 이런 국가가 올바른 까닭은 구성원들이 저마다 제 기능을 충실히 수행하기 때문이다. 이런 나라가 진정한 의미에서의 최선자 정체(政

體)이다. 플라톤은 이 이상적 형태에서 타락한 것들로 참주정체, 과두정체, 민주정체를 들고 있다.

철인치자를 육성하기 위한 교육은 선의 형상의 통찰에 이를 때까지 장기간의 엄격한 훈련과정을 거친다. 그것은 정확한 학문들에서 형이상학적 원리에 이르기까지의 연구과정으로, 처음 10년 동안은 정확한 학문들(수론, 평면기하학, 입체기하학, 천문학, 화성학)을 학습함으로써 추론적 사고를 기르고, 그 다음 5년 동안은 한층 더 엄격히 '변증술' (dialektikē)의 수련과정을 거친다.

변증술은 어원상 질문하고 대답하는 대화의 기술을 뜻한다. 플라톤에 따르면 변증술은 사물들의 본질에 관해 질문하고 대답하는 능력이다. 변증술에 능한 이는 가정(hypothesis)을 확실한 지식으로 대체하며, 플라톤의 목적은 '무가정의 원리' 를 토대로 모든 학문, 즉 모든 지식의 기초를 마련하는 것이다. 이 원리는 선(좋음)의 형상이다. 그건 태양이 가시적인 사물들에 관계하듯 모든 사물들의 실재성의 원천이며, 따라서 그것들의 가치의 원천이다.

비판적인 대화편들

『파이돈』과 『국가』에서 플라톤은 '감각에 의해서 지각할 수 있는 것들' 에 충분한 실재성을 부여하지 않았으며, 또한 '감각에 의해서 지각할 수 있는 것들' 과 '지성에 의해서 알 수 있는 것' 의 관계를 '관여' (methexis) 등으로 가정했다. 따라서 아직은 감각할 수 있는 자연에 관한 진리들의 중요성이 충분히 인식되지 않았다. 하지만 『파르메니데스』와 『테아이테토스』에 이르러 플라톤은 '관여' 라는 사물과 형상 사이의 관계를 한층 더 깊이 해명할 필요를 인식했다. 특히 이 대화편들은 엘레아 학파의 철학에 관심을 기울인다. 『파르메니데스』 제1부에서 젊은 소크라테스는 '하나와 여럿'의 문제에 대한 해결책으로 관여설을 제안한다. 파르메니데스는 해결하기 힘들어보이는 반론을 제기하며, 소크라테스가 궁지에 몰린 것은 논리적 훈련이 충분치 못했기 때문이라고 시사한다. 그리고 제2부에서 파르메니데스는 논리적 훈련의 예를 제시한다.

관여설에 대한 엘레아 학파의 반론은 다음과 같다.

첫째, 관여설은 무한소급에 빠지기 때문에 단일성과 다수성을 양립시키지 못한다. 관여설은 다수의 사물들이 하나의 술어를 갖는 것은 그것들이 하나의 형상에 관여하기 때문이라고 한다. 그러나 형상 자체도 하나의 술어를 허용하므로 사물이 형상에 관여하듯 형상은 또 다른 형상에 관여할 수밖에 없으며, 그렇게 무한히 진행한다.

둘째, 형상들 사이의 관계는 형상들의 영역에 속하며, 사물들 사이의 관계는 사물들의 영역에 속한다. 따라서 후자에 속하는 인간들은 형상들을 인식할 수 없다.

『테아이테토스』는 지식(epistēmē)의 정의에 관한 문제를 논의한다. 플라톤은 먼저 '지식은 지각(aisthēsis)이다'라는 명제를 고찰한다. 프로타고라스와 헤라클레이토스의 견해에 비춰볼 때 그 명제는 그럴듯해 보인다. 하지만 이 견해들은 누구에게나 동일하게 지각되는 세계란 없으며, 따라서 확실히 말하고 생각할 수 있는 어떤 것도 존재하지 않는다는 주장을 함축하고 있다.

그러나 플라톤은 혼이 신체기관들을 통해 지각한 것과 혼 자체가 파악한 것(수, 동일성, 유사성, 존재, 선)을 구별한 다음, 모든 지식은 진리와 존재를 함축하므로 존재를 파악할 수 없는 지각은 지식과 동일하지 않다고 주장한다. 이어서 플라톤은 '지식은 참된 판단(alēthēs doxa)이다'라는 명제의 부적합성을 논의한다. 플라톤은 참된 판단과 관련해서 그릇된 판단을 논의하게 된다. 그릇된 판단은 '있지(…이지) 않은 것'에 대한 판단이며, '있지(…이지) 않은 것'은 판단될 수 없다. 그러나 법정에서의 평결들의 예는 능히 지식이 없는 참된 판단이 있을 수 있음을 보여준다.

마지막으로 그는 '지식은 로고스(logos)를 동반한 참된 판단이다'라는 명제를 분석한다. 그러나 로고스 개념이 간단하지 않기 때문에 이 정의도 만족스럽지 못한 것으로 밝혀지면서 이 대화편은 결론 없이 끝을 맺는다. 우리는 이 대화편에서 형상이론이나 상기설이 도입되지 않은 채 지식의 문제가 상세히 다루어지고 있음을 주목할 수 있다.

후기 대화편들

후기 대화편들 가운데 첫머리에 있는 『소피스테스』와 『정치가』는 서로 밀접히 연결된 중요한 대화편들로서, 표면상으로는 '소피스테스'와 '정치가'라는 부류의 정의(horismos)에 관여한다. '소피스테스'라는 부류가 하는 짓이 무엇인가를 여러 측면에서 접근하여 그들의 본질적인 진면목을 적나라하게 드러내보이는 것이 앞의 대화편이며, 참된 의미에서의 정치가인 '왕도적 치자'가 해야 할 일이 과연 무엇인가를 논리정연하게 밝혀 보여주고 있는 것이 뒤의 대화편이다.

하지만 이 대화편들은 실제로는 형상의 인식과 관련해 각각의 형상을 『파이돈』에서처럼 '한가지 보임새' (monoeides)에서 이해(인식)하려는 데서 벗어나 여러 측면에서 접근하여, 즉 형상들끼리의 관여 및 결합관계에서 인식하는 고된 작업을 실제로 보여주고 있다.[9] 이 대화편들에 대해서는 '소피스테스' 읽기에서 상세히 언급하겠다.

『필레보스』는 좋은 것(agathon, 선)은 쾌락(hēdonē)과 동일한가 아니면 지혜(sophia)와 동일한가 하는 문제를 논의한다. 그리고 이 대화편은 가장 좋은 삶은 이 두 요소를 다 포함하지만, 지혜가 좋음의 몫을 더 많이 차지하고 있다고 결론짓는다. 그런데 무엇보다도 중요한 것은 쾌락과 지혜의 성질(physis)을 규정하기 위해서 사용한 분류이다. 플라톤은 실재하는 모든 것이 (1) 비한정자 (2) 한도 (3) 비한정자와 한도의 혼화 (4) 혼화의 원인이라는 네 부류 가운데 하나에 속하며, 삶에서 좋은 것들은 모두 세번째 부류에 속한다고 주장한다.

『티마이오스』에서는 플라톤의 우주론으로서 '데미우르고스' (dēmiourgos)라 불리는 우주의 창조자가 '언제나 불변의 상태로 있는 것' (to on aei; to aei kata t'auta on)을 본으로 삼고 이미 있는 질료들과 결합하여 이 우주를 아름다운 것으로 만들어가는 과정을 '그럼직한 이야기' 형식을 빌려 기술하고 있는데, 이는 다분히 기술적 관점에 입각해서 우주의 생성과정을 설명하고 있는 것이다.

9) 박종현 옮김, 앞의 책, 40쪽 참조.

이 대화편은 다음과 같은 특징들도 갖고 있다.

첫째, 이 대화편은 물질에 관해 구조적인 설명을 하고 있다. 플라톤은 요소들을 수학적으로 구성함으로써 피타고라스 학파의 기하학과 엠페도클레스의 생물학을 결합시켰다. 즉 그는 네 원소인 흙과 공기, 불, 물의 구조를 정육면체, 정사면체, 정팔면체, 정이십면체로 설명한다.

둘째, 이 대화편은 생성하는 세계의 모든 질서 및 구조의 지성적 원인으로서 데미우르고스를 끌어들임으로써 기술적인 창조관을 보여준다.

셋째, 이 대화편은 자연에 관한 학문의 가설적 성격을 강조한다.

넷째, 플라톤은 데미우르고스의 지성적 활동이 우주에 합리적 질서를 부여하지만, 물질적 필연(anankē)의 힘이 지성의 영역과 작용을 제한한다고 생각했다.

말년의 최대 저술인 『법률』은 윤리와 교육, 법에 관한 플라톤의 완숙한 사상을 담고 있다. 이 대화편은 『국가』에서 설립된 이상적인 국가를 본으로 해서 현존하는 국가들이 채택할 수 있는 법률과 제도들의 실제적 제정에 관여하는 현실적인 응용형태의 저술이다. 말하자면 『국가』에서 수립한 국가는 으뜸가는 본이지만, 『법률』에서 수립하는 것은 차선의 현실적인 모형이다.

『국가』에서는 이상적인 '공유(共有)국가'가 제시되었지만, 『법률』에서는 '바른 분배'(hē orthē dianomē)에 의한 '공분(共分)국가'가 제시된다. 이를테면 『국가』에서는 참된 의미에서 '하나인 나라'의 규모를 말함에서도 다만 단일성을 유지할 수 있는 것을 한계로 정하나, 『법률』 737e에서는 5040세대라는 숫자를 명시하고 이들 세대에 땅과 집을 분배하는 방법까지 명시한다. 여기서 플라톤이 입법가(nomothetēs)를 통해 세우고자 하는 나라는 자유(eleutheria)와 우애(philia), 그리고 지성(nous) 내지 지혜(phronēsis)의 결합(koinōnia)을 통해 이룩되는 나라이다. 따라서 나라를 지혜롭게 만드는 것이 『법률』의 중요한 과제이다. 나라들에서 어리석음을 제거하고 가능한 한 지혜가 생기도록 하기 위해서는 무엇보다 교육이 필요하다. 이 대화편에서는 그 교육과정이 상세히 제시된다.

2. '소피스테스' 읽기

이 대화편은 『정치가』와 함께 형상들의 상호결합관계를 본격적으로 다루고 있는 대화편으로 알려져 있다. 이 대화편들에 이르면 형상은 중기 대화편들에서처럼 '한가지 보임새' 로 나타나지 않고 결합형태로 나타나기 때문이다.

이 대화편에서는 소피스테스의 역할이 무엇인가를 밝히는 것이 과제이다. 그렇기 때문에 이 대화편은 '소피스테스' 라는 부류(genos)가 보여주는 다양한 기능(ergon)을 대상으로 삼아 이를 여러 측면에서 접근해 살펴본 다음 여러 측면들, 즉 보임새들을 하나로 결합해 인식하는 과정을 훌륭히 보여준다. 이 과정에서 이른바 모음(synagōgē)과 나눔(diairesis) 및 결합(koinōnia)이라는 플라톤의 후기 변증술의 절차들이 동원된다. 하지만 사실은 이 과정에서 중요한 철학적 논의들이 행해진다.

그러면 먼저 독자들을 위해 이 대화편의 논의를 개관한 다음 이 대화편에서 논의된 여러 철학적 문제 가운데서 변증술 자체 및 나눔과 관련된 논의를 살펴보도록 하자.

'소피스테스'의 줄거리

소피스테스들은 일종의 기술(technē)을 행사하는 자들로서, 이들의 기술은 소피스테스술(sophistikē)이다. 플라톤은 소피스테술의 정체를 밝히기 위해 이분법적 나눔을 동원해서 여러 기술을 분류해나간다.

그는 먼저 소피스테스술도 기술이기 때문에 기술을 나누기 시작한다. 그렇게 해서 소피스테스술을 획득술의 한 갈래인 장악술에서 사냥술로 나눠가며 '돈을 받고 부유한 젊은이들을 낚는 사냥꾼'으로서의 소피스테스의 한 가지 모습을 보여준다. 다음으로 획득술의 다른 한 부분인 교환술로 나눠가며 배움과 관련된 소매상이라는 모습도 드러낸다. 또한 획득술의 남은 갈래인 장악술에서 싸움의 갈래로 나눠가며 말다툼, 즉 논쟁술(eristikē)에 이름으로써 소피스테스의 또 다른 모습도 접하게 한다. 이어서 갈래를 달리해 분리기술에서 나눠가며 논박(elenchos)의 기술에 이른다. 하지만 소피스테스의 논박은 배움에 방해가 되는 의견들을 제거하는 게 아니라 남의 의견을 자신의 의견으로 대체하는 것일 뿐이다.

플라톤은 최초의 나눔에서 남은 또 하나의 갈래인 제작술을 나누어 소피스테스의 모습을 드러내려 한다. 소피스테스는 사물들의 진리에서 아직 멀리 떨어져 있는 젊은이들로 하여금 자신이 못 하는 일이, 그리고 모르는 일이 없는 것처럼 보이게 만든다. 그래서 소피스테스술은 영상제작술과 관련이 있다. 즉 영상(eidōlon)을 진실된 것처럼 보이게끔 만드는 자, 그래서 진리란 없고 각자가 갖는 의견 내지 판단(doxa)만 있다고 믿는 자가 소피스테스이다. 그래서 소피스테스에게서는 거짓(pseudos)이 있을 수 없다.

그러나 거짓은 있다. '…이지 않은 것' (to mē on)을 '…인 것' (to on)이라고 할 때 거짓은 성립한다(237a). 따라서 거짓이 성립하려면 'to mē on' 은 있는(존재하는) 것이어야만 한다. 하지만 파르메니데스 이래로 그건 '있지 않은 것' 이란 의미로 쓰여온 말이다.

파르메니데스는 'to mē on' 을 '전적으로 있지 않은 것' (to mēdamōs on)으로만 보았다. 그러나 플라톤은 'to mē on' 에서 '있지 않은 것' 뿐만 아니라 '…이지 않은 것' 의 의미도 찾아냄으로써 그것이 '있는 것' (to on)임을 입증한다. 'to mē on' 에 대한 논의는 이 대화편의 절반을 훨씬 넘는 분량을 차지하고 있다. 이 논의는 '있는 것' 에 대한 탈레스 이래의 논쟁에 관련될 수밖에 없다. 그것은 실재(ousia)와 관련된 '신들과 거인족 간의 싸움' (gigantomachia, 246a)이다. 여기서 거인족으로 비유된 이들은 물질(sōma), 즉 감각되는 것만을 존재로 주장하는 쪽인 반면, 신들은 '지성에게 알려지고 비물질적인 어떤 형상들' (noēta atta kai asōmata eidē)만을 존재로 본다.

플라톤은 이 두 진영에 대해 비판한다. 특히 플라톤은 물질적인 것들이든 비물질적인 것들이든 간에 존재하는 것들에 공통되게 '본래 있는 것' (to symphes gegonos)은 힘(능력, dynamis)이며,

이 힘은 능동적으로 '작용하는 쪽'의 것일 수도 있고 수동적으로 '겪는 쪽'(paschein)의 것일 수도 있으며, 이 힘이야말로 있는 것들을 있다(einai)고 말할 수 있게 하는 징표(horos)라고 말한다(247d~e).

형상의 친구들에서도 자신을 제외시킨 플라톤은 이제부터 그 이유를 밝힌다. 우리는 몸에 의한 감각(aisthēsis)을 통해, 그리고 마음(혼)에 의한 논구를 통해 참존재(hē ontōs ousia)에 관계한다. 능동적 작용으로서의 인식함이 성립하려면 인식되는 것이 있어야만 하고, 이 관계가 성립되는 한 인식되는 것은 어떤 걸 겪게 마련이고, 그런 한에서 어떤 운동(kineisthai)관계가 성립한다(248a~e). 이제 '정지해 있는 것'인 형상에 운동관계가 성립하게 되었다. 그뿐만 아니라 운동, 삶, 혼, 슬기, 지성(nous) 등이 '완벽하게 있는 것'(to pantelōs on)에 포함되지 않을 수는 없고, 지성을 지닌 것은 살아 있는 것이며, 지성·삶·생명을 지닌 것이 전혀 운동을 하지 않고 정지해 있을 리 없다. 그러므로 운동하게 되는 것도, 운동도 있다. 모든 것들이 운동하지 않는다면 지성이 관계할 아무것도 없다. 반면에 모든 것들이 운동하고 있을 뿐이라면 역시 우리는 지성을 존재하는 것들에서 제외시키게 된다.

정지를 떠나 '동일한 관점에서 동일한 상태로 있는 것'이 있을 수 없고, 이런 것들이 없다면 이것들을 인식하는 지성은 어디에서도 찾아볼 수 없다. 따라서 인식과 슬기 및 지성을 귀하게 여기는 철학자는 모든 것을 정지시키는 사람의 주장이나, 존재를 모든 면에서 운동하는 것으로 보는 사람의 주장 중 어느 한쪽만 받아들이지 말고 존재는 양쪽 다라고 말해야 할 것이라고 한다(249a~d).

그래서 운동도 정지도 '있는 것' 이다.

운동도 실재성(존재, ousia)에 결합하고, 정지도 실재성에 결합(koinōnein)한다. 그러나 있는 것은 운동도 정지도 아니며, 이들과는 다른 어떤 것이다. 따라서 이들 각각은 서로 다른 것으로서 타자성(thateron)과 결합관계에 있을 뿐 아니라, 각기 자기 동일적인 것으로서 동일성(tauton)과 결합관계에 있다. 반면에 운동과 정지 사이에는 결합관계가 성립하지 않는다. 이렇게 해서 어떤 것들은 서로 결합하되, 어떤 것들은 서로 결합할 수 없다는 것이 밝혀졌다.

이처럼 어떤 형상들은 서로 섞이되 어떤 것들은 서로 섞이지 않는지를, 어떤 형상은 모든 형상들과 결합하고 또 어떤 형상은 모든 것들을 통해 분리를 가져오는지를 식별할 줄 아는 학문이 변증술이다. 그런데 운동은 존재에 관여함으로써 있으면서도 존재와는 다른 것, 즉 존재 자체는 '아닌 것' 이다. 각각의 형상은 '있는 것' 이지만, 많은 경우에서 '…이지 않은 것' 이다. 이렇게 해서 '거짓' 을 성립케 하는 'to mē on' 의 존재 가능성이 밝혀진다.

이제 거짓이 성립하므로 영상(eidōlon)도, 모사물(eikōn)도, 닮아보이는 것(유사영상, phantasma)도 있게 마련이며, 따라서 모방물들(mimēmata)을 만들어내는 기술도, 그리고 이런 마음을 바탕으로 한 기만술도 있을 수 있다. 소피스테스술도 일종의 기만술임에 틀림없다. 그런데 소피스테스는 지혜로운 자를 모방하는 자이기도 하기 때문에 또한 모방술의 측면에서 보아야만 한다. 모방(mimēsis)은 실물들 아닌 영상들의 제작(poiēsis)이기 때문에 제작술을 나눌 필요가 있다.

제작술에는 두 종류가 있다. 신적인 것과 인간적인 것이 그것이다. 인간적인 기술에 의해 만들어진 것들에는 '사물 자체의 제작'과 '영상제작'이 속한다. 인간 쪽에서의 실물은 건축에 의해 만들어진 집이요, 영상은 회화술에 의해 그려진 집이다. 여기서 사물 자체를 만드는 기술과 영상제작술이 구별되고, 다시금 영상제작술은 '모사물'을 만드는 것과 '닮아보이는 것'(유사영상)을 만드는 것으로 나뉜다. 이 닮아보이는 것을 만드는 경우에도 자기 자신을 수단으로 쓰는 경우가 있는데, 이 모방의 부분은 다시 두 부분으로 나뉜다. 그 가운데 모방물들을 알지 못하면서 모방하는 경우가 있는데, 이처럼 지식은 없이 의견만을 갖고 모방하는 기술을 '의견에 의한 모방술'(doxomimētikē)이라 한다.

이 경우에도 한쪽은 단순한 모방자요, 다른 한쪽은 시치미떼는 모방자이다. 시치미떼는 모방자의 경우에도 대중을 상대로 공공연히 긴 연설로 시치미뗄 수 있는 사람과 사사로이 짧은 논의로 상대방을 자가당착으로 몰고 가는 사람이 있다. 뒷사람은 지자가 아니고 지혜로운 자의 모방자이기 때문에 그 이름을 따서 소피스테스라 불러 마땅하다. 여태껏 드러난 모습들을 하나로 엮어서 결합시키면, 우리는 소피스테스라는 족속이 갖는 가계와 혈통을 정확히 알아볼 수 있다.

'소피스테스'에서 변증술과 나눔

이렇듯 플라톤은 이 대화편에서 논의의 대상을 확정짓고 나눔을 통해 그 대상의 여러 모습(eidos)을 본 다음, 그것들을 결합해서 인식하는 변증술의 훌륭한 수행을 보여준다. 그러나 이 대화편은 변증술의 쓰임새 및 그 의미를 드러낼 뿐만 아니라, 존재론적 또는 형이상학적 논의 및 언어철학적 논의를 치밀하게 전개하고 있다.

하지만 우리는 이 대화편에서 논의된 여러 문제를 모두 다룰 수는 없다. 우리는 다만 변증술과 나눔의 의미만을 살펴볼 것인데, 무엇보다 이와 관련해 먼저 변증술에서 나눔이 왜 문제가 되는지를 알아보고, 그 후 나눔의 의미 및 결합의 필요성을 알아볼 것이다.

변증술에서 나눔의 문제

이 대화편에서 나타난 모음과 나눔이 엄격한 의미의 변증술의 절차들인가는 문제가 될 수 있는데, 이와 관련해 변증술의 쓰임새의 일관성을 주장하는 해석은 모음과 나눔을 변증술의 본래 의미에 포함된 기능들로 해석하며, 중기 대화편들에서도 그런 해석 가능성이 함축되어 있다고 본다. 그리고 이 해석은 변증술의 대상이 되는 형상개념이 대화편들에서 변화를 겪지 않는다고 전제한다. 즉 중기 대화편들의 형상이 형이상학적 의미를 지닌 것이라면, 후기 대화편들에서 모음과 나눔의 대상이 되는 것도 그와 마찬가지의 것이다. 왜냐하면 이 대화편이나 『정치가』에서 사용된 형상(eidos, idea)은 중기 대화편들의 형이상학적 형상에 상응하며, 설사 형상들(종들, eidē)이나 유적형상들(유들, genē)이 형이상학적 의미를 담지 않고 사용되었더라도 그것들은 본래적인 의미의 형상 이해에 익숙해지도록 논리적 훈련과정에서 사용된 표현일 수 있기 때문이다.

따라서 우리가 제기할 수 있는 문제들은 다음과 같다.

첫째, 우리는 모음과 나눔을 변증술의 절차들로서 파악할 수 있는가? 왜냐하면 후기 대화편들에서 이 절차들은 많은 경우에 그것들의 성격이 모호하며 엄격한 의미의 형상들에 관여하지도 않기 때문이다.

둘째, 모음과 나눔의 대상은 형이상학적 의미의 형상인가, 따라서 변증술은 형상을 포착함으로써 그것에 대한 단일한 정의에 이르려는 방법인가, 아니면 단지 논리적 훈련만을 위한 것인가? 만일 우리가 후기 대화편들에 나타난 형이상학적 의미를 지니지 않은 '형상들' 이나 '종들' 이라는 용어만을 주목한다면, 변증술은 단지 논리적 훈련을 위해서 형이상학적 부담 없이 사물들의 '형상' 이나 '종' 을 언급하는 용어들을 사용하는 방법으로 여겨질 것이기 때문이다.

두 해석

이 문제들에 대해서는 두 입장이 있다. 하나는 변증술에 나눔과 모음을 포함시키고, 나눔의 대상인 형상도 중기의 형상개념과 차이를 보이지 않는다는 입장이다. 그리고 또 하나의 입장은 변증술에서 나눔을 떼어냄으로써 나눔을 단지 방법훈련을 위한 것으로만 보며, 형상개념에서도 형이상학적 의미를 제거하려는 반형이상학주의이다.

변증술과 관련해서 앞엣것이 '전통적 해석' 이라면 뒤엣것은 '형이상학 제거주의' 라 할 수 있다. 그렇다면 이 두 입장은 어떻게 생겨난 것일까?

『파이드로스』에서 변증술에 능한 이는 '하나와 여럿을 볼 수 있는 자질을 지닌 자' (265b5~6)이며, 이것은 모음과 나눔에 의해 가능하다고 한다. 그리고 나눔에 앞선 모음의 필요성도 언급된다. 즉 "변증술에 능한 이는 어떤 것을 정의하기에 앞서 도처에 흩어져 있는 것들을 함께 보고, 이것들을 하나의 이데아로 모아야 한다" (265d3~5). 그런 다음 "나눔은 어떤 부분도 서투른 푸주한이 하듯 조각내지 말고 자연스러운 제 마디대로 형상에 따라 쪼갤 줄 아는 것이다" (265e1~3).

『파이드로스』의 이 언급들 중에서 두번째 것은 분명하지만, 첫번째 것은 모호한 점이 있다.[10] 모음에 관한 첫번째 언급에서 '도처에 흩어져 있는 것들' 과 '하나의 이데아' 의 관계는 '도처에 흩어져 있는 것들' 이 문법적으로 중성이기 때문에 개별자들과 하나의 이데아의 관계이거나 개별적 형상들과 유적형상 사이의 관계일 수 있다.[11]

만일 그것들의 관계가 개별자들과 하나의 형상의 관계라면, 모음은 개별자들에서 하나의 형상을 이끌어내는 경험적 일반화일 것이다. 그렇다면 모음은 형상영역에서의 탐구방식인 변증술과는 엄격히 구별된다. 반면 두번째 언급에서 나눔은 종인 제 관절에 따라 최하 종까지 나뉘는 하향적 과정이다.[12] 그리고 여기서 형상은 형이

10) R. Hackforth, *Plato's Phaedrus* 132쪽, 주 4 참조.

11) J. M. E. Moravcsik, "The Anatomy of Plato's Divisions" in *Exegesis and Argument Phronesis Supplement* 1(1973), 326~327쪽 참조.

12) F. M. Cornford, *Plato's Theory of Knowledge*, 184쪽 참조. R. Hackforth, 앞의 책, 136쪽 참조.

상학적 의미를 담고 있는 것이다. 그래서 모음과 나눔이 함께 변증술의 절차들이려면, 모음에서 '도처에 흩어져 있는 것들' 과 '하나의 이데아' 의 관계는 종들과 유의 관계여야 한다.

콘포드는 이러한 해석을 지지한다. 그는 모음은 나뉠 유를 확정하는 것으로[13] 소크라테스의 귀납적 논구와 혼동되어서는 안 되며,[14] 유적형상은 직관에 의해서 알려져야만 한다고 한다.[15] 따라서 그는 모음과 나눔을 형상영역에서 수행하는 방법적 절차들로 해석한다.

콘포드는 이런 관점에서 이 대화편 253d1~254e2를 분석한다. 그 구절은 다음과 같다.

T XE oukoun ho ge touto dynatos dran
(이를 할 수 있는 사람은)

T1 ⓐ mian idean ⓑ dia pollōn ⓒ henos hekastou keimenou chōris ⓓ pantē diatetamenēn
(하나하나 분리되어 있는 많은 형상들에 두루 걸치는 하나의 이데아를)

T hikanōs diaisthanetai
(충분히 식별하네)

T2 ⓐ kai pollas ⓑ heteras allēlōn ⓒ hypo mias exōthen periechomenas

13) F. M. Cornford, 앞의 책, 184쪽 참조.

14) 같은 책, 186쪽 참조.

15) 같은 책, 같은 쪽 참조.

(그리고 외부로부터 단일한 형상에 의해서 포괄된
많은 다른 형상들을)

T3 ⓐ kai mian au ⓑ dí holōn pollōn ⓒ en heni
synēmmenēn
(그리고 다시금 많은 전체적인 것들에 걸쳐 하나로
연결되어 있는 하나의 형상을)

T4 ⓐ kai pollas ⓑ chōris ⓒ pantē diōrismenas[16)]
(그리고 완전히 따로따로 분리되어 있는 많은 형상들을)

콘포드는 T1~T2는 『파이드로스』 265d3~5처럼 모음에 관한 기술이라고 한다.[17)] 즉 하나하나 분리되어 있는 많은 형상들이 있으며, 이것들은 하나의 이데아에 의해 모이게 될 종들이다. 그리고 이것들 모두에 두루 걸치는 하나의 이데아는 유적형상이며, 하나의 이데아가 많은 형상들에 두루 걸친다는 것은 유와 종의 구조적 관계를 보여주는 것이다. 이로부터 『파이드로스』 265d3~5에서의 '도처에 흩어져 있는 것들' 과 '하나의 이데아' 의 관계도 하위형상들(종들)과 유적형상(유)의 관계이며, 따라서 모음은 형상의 영역에서의 탐구방식이다.

그리고 그에 의하면 T3~T4는 나눔의 귀결들에 대한 언급이다. 즉 단일한 유적형상에 의해 포괄된 많은 형상들은 '완전히 분리되

16) 고메즈-로보가 편의상 이 구절을 이렇게 나누었다(Alfonso Gomez-Lobo, "Plato's Description of Dialectic in the Sophist 253d1~e2" in *Phronesis* 22[1977], 30쪽 참조).

17) F. M. Cornford, 앞의 책, 267쪽 참조.

어 있다'. 나눔은 그것들의 차이를 밝힌다. 그것들은 더 이상 나눌 수 없는 것들이며 상호배타적이다. 즉 사람과 소가 동물과 결합하는 것처럼 사람은 소와 결합하지 않는다. '많은 전체적인 것들에 걸쳐(dí holōn pollōn) 하나로 연결되어 있는 하나의 형상' 은 이런 많은 형상들과 대비된다. '전체적인 것들' 은 그 많은 형상들에 적용된다. 여기서 많은 형상들 각각은 그것의 부분들이 정의 형식에 담기는 전체이다. 이를테면 '인간은 이성적 이족동물이다.' 이런 종속하는 전체들(인간, 소, 말)에 단일한 유적형상(동물)은 걸쳐 있다.[18]

콘포드의 해석처럼 스텐첼도 T1과 T2는 개별적인 것에서 출발해서 포괄적인 형상을 찾고 '모든 것을 포함하는' 모음의 과정이며, T3와 T4는 더 상위형상으로부터 나눔의 궁극적 목적에 이를 때까지 실제적인 분리를 수행하는 나눔의 과정이라고 한다.[19] 먼저 그는 T1의 'henos hekastou' 를 물질적 대상으로 보는 견해를 거부하고[20] T1에서 장차 결합될 형상들이 먼저 그것들의 분리에서 알려지는 것을 볼 수 있다고 한다.[21] 그리고 T2의 '외부로부터 단일한 형상에 의해서 포괄된 많은 다른 형상들' 이라는 표현은 T1과 T2가 형상들의 결합을 목표로 하거니와, 또한 그 표현은 더 상위의 이데아에 더 하위의 이데아의 종속을 보여준다고 한다.[22]

---

18) 같은 책, 267~268쪽 참조.

19) J. Stenzel, *Plato's Method of Dialectic*, 104쪽 참조.

20) 같은 책, 98~99쪽 참조.

21) 같은 책, 103쪽 참조.

22) 같은 책, 102쪽 참조.

다음으로 그는 T3에는 형상들을 나눈 결과가 놓여 있다고 생각한다. 즉 많은 전체들을 관통하는 하나의 이데아는 단일성을 형성하도록 결합하며 이 단일성은 우리가 그것의 정의를 찾는 형상이다. T4에서도 많은 다른 형상들은 같은 과정에 의해 요구된 단일성에서 완전히 분리된다.[23] 다시 말해 T3의 단일성은 나눔에 기초해서 더 상위의 단일성의 결합에 의해서 형성된다. 그렇게 되면 T4에서 많은 다른 형상들은 T3의 요구된 형상에서 분리된다.[24]

따라서 콘포드와 스텐첼은 우리가 인용한 구절을 모음과 나눔에 대한 기술로 파악한다. 즉 도처에 흩어져 있는 많은 형상들을 하나로 모아서 봄으로써 나뉠 유를 확정하고, 확정된 유로부터 나눔을 통해 단일한 형상의 정의에 이른다. 그러니까 이들은 이 구절의 분석을 통해 모음과 나눔은 변증술의 절차이며, 이 절차들이 형이상학적 의미를 지닌 형상의 포착에 이르려 한다는 점에서 단순히 논리적 훈련이 아니라는 것을 명백히 주장하고 있다. 그러나 이에 대해서 나눔을 변증술에서 분리하고 나눔의 대상인 형상에서 형이상학적 의미를 제거함으로써 나눔을 단순히 논리적 훈련으로만 보는 견해도 있다. 이런 견해를 지닌 사람은 트레바스키스와 고메즈-로보이다.

트레바스키스는 T3와 T4는 나눔에 대한 기술보다는 형상들의 결합관계만을 구별해볼 수 있는 것에 관한 언급일 뿐이라고 한다. 먼저 그는 T4의 'pollas chōris pantē diōrimenas' 에 주목한다.

---

23) 같은 책, 99쪽 참조.

24) 같은 책, 103쪽 참조. 여기서 많은 다른 형상들은 다른 atoma eidē이다 (Gomez-Lobo, 앞의 논문, 33쪽 참조).

만일 콘포드처럼 T3와 T4가 유적형상과 종속하는 형상들의 관계를 언급하는 것이라면, 이는 이상하다. 오히려 T4는 문장의 전체적인 형태에서 볼 때 다른 무리의 형상들을 지시한다.[25] 따라서 T3와 T4는 'mian … dia … pollōn' 과 'pollas chōris' 의 대립을 포함하는 것으로, 결합하는 형상들과 그것과는 완전히 다른 형상들을 구별해보는 것만을 언급하는 것이다.[26] 그래서 이 부분은 유 아래에 속하는 모든 종들을 분류해 오직 하나의 종에 대한 정의에 도달하려는 나눔의 방법과는 구별된다.

또한 그는 253d1(kata genē diairesthai)에 기술된 변증술은 그 대화편 전반부에서 시도된 나눔과는 다른 것이라고 한다. 왜냐하면 만일 나눔의 방법과 변증술이 동일한 것이라면, 이미 여섯 번이나 나눔의 방법을 사용했으면서 지금 변증술의 정의를 기술할 때 앞서 행한 나눔을 언급하지 않을 리 없기 때문이다.[27] 그래서 그는 그런 나눔은 종에 따른 나눔으로써의 변증술과 같지 않다고 주장하면서 오히려 모든 나눔이 오직 종들이나 형상에 관여한다는 전통적 견해에 반론을 편다. 이런 트레바스키스의 주장은 단지 나눔의 방법적 의미만을 인정하는 것이다.

고메즈-로보도 253d1~e2가 변증술의 정의 또는 변증술에 능한 자의 능력에 대한 기술이라는 일반적 견해에 반론을 편다. 즉 그 구절에는 형상들의 분류(classfication)만이 아니라 나눔에 의존하지

25) J. Trevaskis, "Division and its Relation to Dialectic and Ontology in Plato" in *Phronesis* 12(1967), 120~121쪽 참조.

26) 같은 논문, 122~123쪽 참조.

27) 같은 논문, 같은 쪽 참조.

않는(나눔과는 별개의) 확인(identification)에 대한 언급이 있을 뿐이다.[28)]

253d1~e2를 제대로 이해하기 위해 그는 주변의 문맥을 고려할 것을 제안한다.[29)] 그 부분은 전체적으로 251a5~259d8이다. 이 부분을 고려할 때 변증술에 능한 이의 과제는 다른 것과 결합하는 형상들과 결합하지 않는 형상들의 쌍을 확인하는 것과 결합하게 하거나 분리시키기 위해서 다른 형상들을 조작하는 어떤 형상들의 존재를 증명하는 것이다.[30)] 그래서 그는 253d4~e2에서 이런 형상

---

28) Gomez-Lobo, 앞의 논문, 36쪽 참조.

29) 같은 논문, 36~40쪽 참조.

30) 고메즈-로보는 이런 주장의 근거를 몇 가지 밝히고 있다. 첫째, 253d에 피라미드와 같은 형상들 사이의 질서에 관한 암시는 없다. 즉 T2c의 'hypo mias' 는 수동의 'periechomenas' 에 대한 행위자이며, 그것은 어떤 것이 그 형상 아래에 있다는 것이 아니라 많은 형상들(eidē)이 그것에 의해 포함된다는 것을 함축한다. 둘째, 『파이드로스』 265c에서 오름길과 내림길로 구별된 변증술의 두 작용은 우리 텍스트에서는 구별되지 않으며, 변증술은 다만 형상들을 "분명히 식별할 뿐이다." 셋째, 'en heni synēmmenēn' 은 스텐첼에 의하면 단일성인 하나의 이데아가 '단일성을 형성하도록 결합하는 것' 으로 해석되지만 이는 무의미한 것 같으며, 오히려 요소들의 다양성이 단일성으로 모였다고 말하는 편이 더 나을 것이다. 넷째, 스텐첼이 강조한 것과 같은 T1의 하나-T2의 여럿/T3의 하나-T4의 여럿이라는 텍스트상의 대칭은 없다. T1의 형상은 T3에서의 그것과 완전히 다른 본성으로 되어 있다. 즉 앞엣것은 보편적 결합을 허용하는 eidos이지만 T3의 형상은 결코 다른 형상들과 결합하지 않는다. 이를테면 그건 낚시꾼과 같은 형상이다(같은 논문, 34~35쪽 참조).

들을 구별해볼 것이 강조된다고 한다. 즉 이제 변증술에 능한 이는 결합하는 형상들과 결합하지 않는 형상들, 그리고 결합의 원인이 되는 형상과 분리의 원인이 되는 형상을 충분히 식별해야만(hikanōs diaisthanonthai) 한다.

그는 결합하는 형상들은 T2에서, 결합하지 않는 형상들은 T4에서 볼 수 있으며 결합의 원인이 되는 형상은 T1의 'mian idean'이고 분리의 원인이 되는 형상은 T3의 'mia' 라고 한다. 따라서 나눔은 여기서 형상을 두 개의 하위형상으로 나누는 것이 아니라 결합하는 형상들로부터 결합하지 않는 형상들을 구별하는 것이다.

그래서 고메즈-로보는 문제가 되는 구절이 상위형상의 하위형상들로의 나눔이 아니라 결합하는 형상들과 그렇지 않은 형상들을 충분히 구별해보는 것을 기술하는 것이라고 주장하며, 트레바스키스도 변증술은 종에 따라 형상들을 구별해보는 것일 뿐 나눔은 아니고, 오히려 나눔은 이 대화편 전반부에서 행해진 것처럼 형상에만 관여하지 않는다고 한다. 그렇기 때문에 이들에게서 나눔은 변증술의 절차가 아니며, 설사 종에 따라 형상들을 구별해보는 것이 변증술이라 해도 거기서의 형상은 형이상학적 의미와는 무관한 것이다. 그래서 나눔은 엄격한 의미에서의 형상에 관여하지 않는 것으로, 단지 논리적 훈련을 위한 것일 뿐이다.

변증술에서 나눔

이제 우리는 모음과 나눔은 변증술의 절차이며, 나눔은 단순히 방법 훈련을 위한 것이 아니라 본래적인 의미의 형상을 포착하는 방법임을 정당화할 수 있을까? 변증술이 본래 종합적이고 분석적인 기능을 포함하고 있다면, 변증술이 모음과 나눔이 본격적으로 나타나는 후기 대화편들에서뿐 아니라 이전의 대화편들에서도 모음과 나눔의 가능성을 담고 있으며, 또한 여기에서 변증술의 대상인 형상개념이 변화를 겪지 않는다는 우리 주장도 이 물음에 대한 대답을 함축하고 있다고 할 수 있다. 그러나 만일 트레바스키스와 고메즈-로보가 이와 상반되는 주장을 한다면, 우리는 이들의 견해를 비판함으로써 이것을 정당화할 수 있다.

그렇다면 트레바스키스와 고메즈-로보의 주장의 문제점은 무엇인가? 앞엣것의 문제점이 일반적인 것의 혼동에 있다면, 뒤엣것의 문제점은 그런 혼동의 근거가 되는 원전의 해석에 있다고 할 수 있다.

트레바스키스의 해석은 다음과 같은 것이었다. 즉 첫째 이 대화편 전반부에서 행해진 나눔은 형상에 따라 수행된 것이 아니며, 둘째 253d1~e2는 형상에 따른 나눔이기보다는 형상들 간의 관계를 구별해보는 것에 관한 기술이라고 한다. 그래서 나눔은 오히려 형상에 따른 나눔과는 다른 것이다.

그러나 트레바스키스의 이런 해석은 나눔의 절차와 나눔의 목적을 혼동한 데 기인한 것이다. 왜냐하면 수행된 나눔의 결과들이 형상(종, eidos)과 일치하지 않는다는 것이 모든 나눔도 형상에 따라 행해지지 않는다는 것을 함축하지는 않기 때문이다. 즉 이 대화편 전반부에서 행해진 나눔이 형상에 따라 수행된 것이 아니라고 해서 다른 나눔들도 그래야만 한다든가, 형상에 따른 나눔은 나눔이 아니라고 주장할 수 없다. 그래서 형상에 따른 나눔을 '바른 나눔'이라고 한다면 이 대화편과 『정치가』에서 행해진 형상에 맞지 않는 나눔은 '그릇된 나눔'이라 할 수 있겠다.

그릇된 나눔은 독자들에게 방법적 훈련 기회는 주지만 형상의 포착에까지 나아갈 수는 없다. 반면 바른 나눔은 형상(종)의 발견에 이를 수 있고, 그래서 그것은 변증술의 절차이다. 그러니까 나눔의 절차는 종에 따라서 또는 다른 방식으로 수행될 수 있지만, 나눔의 목적은 종에 따른 나눔에 의해 형상의 포착에 이르는 것이다. 트레바스키스는 이 점을 혼동했다.

고메즈-로보의 주장은 이런 일반적 혼동의 근거가 되는 원전 해석상의 문제점을 보여준다. 첫째, 고메즈-로보는 250b6~7과의 유사성으로부터 T2ⓒ(hypo mias)를 포괄하는 형상인 존재로 T2ⓐ(pollas)를 포괄되는 형상들로서의 정지와 운동으로 해석한다.[31] 그리고 정지와 운동은 T2ⓑ의 조건을 만족시키며, T1ⓐ(to on)는 T1ⓑ에서 많은 형상들에 두루 걸치고 T1ⓓ에서 도처에 걸쳐 있다(pantē diatetamenēn). 그래서 철자에서 모음(母音) 기능을 하는 존재는 모든 이데아들과 공존해야 한다.[32] 그러나 250b6~7에는 'exōthen'이 없지만 T2ⓒ에는 그 단어가 있다. 그래서 필자가 볼

31) 이 대화편 250b6~7. "triton ara ti para tauta to on en tē psychē, hōs hyp' ekeinou tēn te stasin kai tēn kinēsin periechomenēn, ktl." 또한 스텐첼도 많은 학자들이 T2ⓒ 'hypo mias exōthen periechomenas'에 대한 명백한 견해 표명을 유보한다고 한다. 왜냐하면 이 대화편 250b6~7에서 존재를 다른 둘을 포함하는 더 상위집합으로 생각하기 어렵기 때문이다. 그러나 스텐첼은 T2가 더 상위 것에 더 하위 것의 종속을 지시한다는 데에는 거의 의문이 있을 수 없다고 한다(J. Stenzel, 앞의 책, 102~103쪽 참조).

32) Gomez-Lobo, 앞의 논문, 42쪽 참조.

때 'exōthen' 은 'hypo mias' 를 더 확고히 해주며, 그럼으로써 오히려 T2ⓒ와 T2ⓐ의 관계를 공존관계가 아니라 상하종속관계이도록 해준다. 그러나 그는 'exōthen' 의 의미를 약화시키고,[33] 존재는 그것의 결합하는(두루 걸치는, pervasive) 성격 때문에 운동과 정지의 유가 아니며, 그래서 나눔을 시작하는 상위의 이데아를 T2ⓒ에서 볼 수 없다고 한다.

그러나 우리는 고메즈-로보가 T1ⓐ(mian idean)와 T2ⓒ(hypo mias)를 동일한 것으로 본 것은 잘못이라고 생각한다. 즉 'mian idean' (T1ⓐ)은 각기 하나하나 분리되어 있는(henos hekastou keimenou chōris) 많은 형상들에 걸쳐 있는(dia pollōn) 하나의 이데아로 도처에 흩어져 있는 것(pantē diatetamenōn)이다. 이 'mian idean' 은 도처에 흩어져 있음으로써 T2ⓐ의 'pollas' 가 된다.[34] 이 'pollas' 는 T2ⓒ의 'hypo mias' 와는 부분들과 전체의 관계이다.[35] 따라서 T2ⓒ와 T1ⓐ는 다르며 그것에 T2ⓐ가 종속하기에, T2ⓒ의 'hypo mias' 는 나눔이 시작되는 더 상위의 이데아이다.

둘째로, 그는 T1ⓒ(henos hekastou keimenou chōris)는 'dia pollōn' (T1ⓑ)을 설명하며 T1ⓑ는 T2ⓐ(pollas)와 같은 것을 지

33) 같은 논문, 44쪽 참조.

33) 같은 논문, 같은 쪽 참조.

34) J. Stenzel, 앞의 책, 103쪽 참조.

35) F. M. Cornford, 앞의 책, 271쪽 참조. 유적형상은 마치 전체가 그것의 부분들을 포괄하듯, 부분들인 종속하는 형상들을 포괄한다. 그리고 유적형상은 그것들 모두를 관통하는 단일한 성격으로서 그것들에 걸쳐 있다.

시하기에, T1ⓑ의 'dia pollōn' 에는 운동과 정지가 속한다고 해석한다.[36] 그래서 'mian dia pollōn' (T1ⓐ~T1ⓑ)은 운동과 정지가 존재한다는 것으로 해석되며, 설사 운동과 정지가 존재에 의해서 포괄된다 할지라도 운동과 정지는 T1ⓒ(henos hekastou keimenou chōris)를 볼 때 분리되어 있는 것이다.[37] 따라서 변증술에 능한 이는 운동과 정지의 공통적인 술어인 존재가 운동과 정지의 결합 가능성이나 동일성을 함축하지 않는다는 것을 충분히 지각하며, 그래서 존재와 서로 결합하지도 동일시되지도 않는 많은 다른 형상들 사이에 예리한 구별을 해야 한다.

그러나 필자가 볼 때, 방금 전에도 밝혔듯이 T1ⓐ는 T2ⓒ와 다르며, 그래서 T1ⓐ의 'mian idean' 은 T2에서 성공적으로 성취된 결과의 전제조건이다.[38] 즉 그것은 T2ⓐ의 'pollas' 가 된다. 따라서 T1의 'mian idean dia pollōn' 은 존재, 그리고 운동과 정지의 관계라기보다는 다른 논리적 관계이다.[39] 그리하여 변증술은 형상들의 관계만을 구별해보는 것이 아니라 형상들 사이의 상하관계를 나눔을 통해 보는 것이다.

셋째, 고메즈-로보는 T3ⓐ의 'mian' 을 비존재로, 그리고 T4ⓐ의 'pollas' 를 T2ⓐ에서처럼 자음(子音)과 같은 형상들로 보고 그것들의 예는 운동과 정지라 한다.[40] 존재는 "많은 것들에 걸쳐"

36) Gomez-Lobo, 앞의 논문, 42~43쪽 참조.

37) 같은 논문, 같은 쪽 참조.

38) J. Stenzel, 앞의 책, 103쪽 참조.

39) 같은 책, 같은 쪽 참조.

40) Gomez-Lobo, 앞의 논문, 45쪽 참조.

(dia pollōn sc. eidōn) 있지만 비존재는 "많은 전체적인 것들에 걸쳐"(dí holōn pollōn) 있다.

여기서 나눔의 원인인 비존재가 걸쳐 있게 되는 것들이 전체로서 기술되는 까닭은 무엇일까? 그는 "운동은 정지가 아니다"라는 문장을 예로 들고 운동과 정지가 전체를 형성한다고 한다. 그는 이름(N) 앞에 부정기호(not)가 놓일 때, 그 형상과 대립자로 나누는 것이 아니라 부정기호 다음의 이름(N)이 표현하는 형상과 모든 다른 형상들로 나눈다는 것을 강조한다(257b9~c3). 이를테면 'to kalon'과 'to mē kalon'은 전체의 상호배타적인 부분들이다. 따라서 T3ⓐ의 'mian'은 부정 다음의 이름(N)에 의해서 표현된 하나의 형상과 T4ⓐ의 그것과는 완전히 다른 많은 형상들(pollas)을 구별한다.

그러나 T3ⓐ의 'mian'을 비존재로 해석하면, 고메즈-로보 자신도 지적하듯이[41] 여기서 수행된 나눔의 유형은 『정치가』 262a8~263e5의 기준을 만족시키지 못하거니와,[42] 또한 253c3에 언급된 부정에 의한 나눔은 형상에 따른 나눔도 아니다. 그러나 필자는 253d1~4를 언급하고 253d9~e2를 언급한 마당에 굳이 이 부분을 형상에 따르지 않는 나눔으로 해석하는 것은 무리라고 생각한다.

스텐첼에 의하면 T1의 'dia pollōn'은 'henos hekastou keimenou chōris'를 덧붙임에 의해 설명되지만 T3에서는 그런

41) 같은 논문, 46쪽 참조.

42) 『정치가』에서는 우리가 지금 언급한 나눔의 유형인 사람의 헬라스인과 이방인으로의 나눔을 금한다(같은 대화편, 262e3~5 참조).

부가적인 설명이 없다고 한다. 즉 'holōn'은 요구된 새로운 단일성이 표현된 'en heni synēmmenēn'과는 문법적 격이 다르다. 그래서 'dí holōn pollōn'을 설명하기 위해 'en heni synēmmenēn'에 의존할 수 없기에 'hen'의 동의어인 'holon'을 복수로 덧붙였다. 그렇게 되면 그는 T3는 단일한 형상(mia idea)의 정의(logos)를 얻는 과정을 기술하는 것이라고 한다.[43] 즉 우리는 많은 더 상위의 단일성들[44]을 나누며, 그렇게 해서 얻어진 술어들을 함께 연결한다. 술어들의 이러한 결합은 우리가 요구하는 새로운 단일성을 구성하며 동시에 T4에서는 요구된 단일한 형상(T3의 mian)에서 많은 다른 형상들(pollas chōris pantē diōrismenas)을 분리한다. 따라서 나눔은 궁극적 목적에 도달할 때까지 더 상위형상으로부터 내려가는 실제적인 분리를 수행한다. 그리고 그 결과는 많은 다른 것들에서 예리하게 구별된 단일성이다.

그러므로 이상의 비판을 통해 변증술과 나눔의 관계와 관련해서 우리는 다음과 같은 결과들을 얻을 수 있다.

첫째, 나눔은 변증술의 하나의 절차로서, 그것은 단지 형상들 간의 관계를 구별해보는 것이 아니라 오히려 종에 따라 더 상위형상을 더 하위 종들로 나누는 절차이다(고메즈-로보의 견해에 대한 비판으로부터). 그래서 나눔은 다른 기준이 아닌 형상에 따라 행해져야 하며, 그것도 상위형상을 하위형상들로 나누는 절차여야만

43) J. Stenzel, 앞의 책, 101쪽 참조.

44) T3ⓑ의 dí holōn pollōn이 많은 단일성들인 까닭은 holon이 hen과 동의어이기 때문이다.

한다.[45] 이때 나눔의 대상인 형상은 중기 대화편들에서의 형상과 차이를 보이지 않는다

둘째로 그러나 트레바스키스는 이 대화편 253d1~e2의 변증술은 형상들 간의 결합관계만을 구별해보는 것으로서 나눔과 동일시될 수 없으며, 오히려 나눔은 이 대화편 전반부에서 무려 여섯 차례에 걸쳐 행해진 것과 같은 것이라고 한다. 그러나 앞에서 밝혔듯이 나눔은 종(형상)에 따르는 것이어야 한다. 그래서 트레바스키스가 주장하는 나눔은 종에 따른 바른 나눔이 아니다. 하지만 종에 따르지 않는 그릇된 나눔도 단일한 형상의 포착에까지 나아갈 수는 없지만, 그것은 오히려 독자들에게 방법적 훈련의 기회를 주는 나눔일 수 있다.[46] 따라서 나눔은 변증술일 수 있지만 그렇다고 모든 나눔이 변증술인 것은 아니다. 그래서『파이드로스』273e4~5에서도 소크라테스는 종에 따라 나누는 것을 배우는 데에는 많은 훈련이 필요하다고 주장한다.

나눔의 의미

앞에서 보았듯이 나눔은 단지 형상들 간의 관계만을 구별해보는 것이 아니라, 종에 따라 상위형상을 더 하위 종들로 나누는 절차이

---

45) 그러나 런시만은『파이드로스』나 이 대화편에서조차도 플라톤은 오직 유와 종차에 의한 나눔의 개념에 관계하지 않는다고 한다. 그래서 이를테면 이 대화편의 megista genē 사이의 관계들은 유와 종의 그것들이 아닌 것이다(W. G. Runciman, *Plato's Later Epistemology*, 61쪽 참조).

46) J. M. E. Moravcsik, 앞의 논문, 345쪽 참조.

다. 그리고 이런 절차를 통해 나눔이 목표로 하는 것은 유와 종차들에 의한 불가분적인 종의 정의이다. 그렇기 때문에 이런 목표와 관련해서 나눔에는 나눌 대상을 확정짓는 모음의 절차가 선행해야만 한다. 이것은 논의의 대상을 한정짓는 것으로서 어떤 형식적 절차가 아닌 일종의 조망인 직관에 의해 수행되는데, 그렇게 해서 발견된 상위의 유는 계속되는 나눔들을 통해서도 여전히 유지된다. 이렇게 모음이 수행된 다음 나눔은 상위형상을 하위형상(종)들로, 그것도 종들인 '제 마디에 따라' 나눈다.

콘포드는 이런 나눔을 유적형상들의 종차들로의 나눔이라고 한다.[47] 이를테면 동물이라는 유적형상은 나눔의 정상에 있을 수 있고 '종속하는 종차들을 통해' 이족동물들로 나뉘며, 그것도 그 마디에서 인간이 정의될 수 있는 이성적인 이족동물로 나뉜다. 그래서 콘포드에 의하면 우리가 동물을 이런 방식으로 나눌 때, 우리는 모든 개별적 동물들의 집합을 나누는 것이 아니라 종속하는 형상들이 '부분들'(merē)로 불리는 단일한 복합형상이나 자연(본성)을 나눈다.[48] 우리가 제 마디에 따라 나누는 것은 이런 유적형상인 동물이다.

그리고 이런 나눔을 통해 도달한 최하 종이 불가분적이라는 의미는 그 단계에서 나눔의 과정이 더 이상 수행될 수 없다는 것이다. 그러나 이것은 불가분적인 종이 단순하며 분석적이지 않다는 것을 말하는 것이 아니다. 만일 그렇다면 그것은 정의될 수 없기 때문이

47) F. M. Cornford, 앞의 책, 269쪽 참조.

48) 같은 책, 같은 쪽 참조.

다. 또한 콘포드에 의하면[49] 전체적인 절차의 목적은 유적형상과 그것의 선행하는 계통에서 나타나는 모든 종차들에 의해 그것을 정의하는 것이다. 이를테면 '동물', '이족의', '이성적인' 이라는 형상들은 인간이라는 복합적인 종적형상의 부분들 또는 구성요소들이다. 이 형상은 또한 여럿인 하나이다. 그렇기 때문에 유적형상과 종적형상은 비록 다른 방식들이긴 하지만 복합적이다. 즉 유적형상은 모든 종들을 포함하며 그것의 본성은 그것들 모두에 걸쳐 있지만, 최하 종은 유의 본성과 모든 관련되는 종차들을 포함한다. 따라서 콘포드는 우리는 다음과 같은 조건들을 만족시킬 수 있다고 한다.[50] 첫째, 유적형상은 종적형상이 그것의 부분들인 전체여야만 하고 둘째, 나눔에서 최상의 형상은 내용에서 가장 풍부한 것이어야만 하며 셋째, 모든 종적형상들은 마찬가지로 복합적이며 정의할 수 있는 부분들의 전체여야만 한다.

이러한 콘포드의 해석에서 우리는 나눔의 목적이 유와 종차들에 의한 하나의 종(형상)의 정의임을 알 수 있다. 이것은 나눔의 귀결인 이 대화편 253d8~9(kai mian au dí holōn pollōn en heni synēmmenēn)는 많은 전체들을 관통하는 하나의 이데아가 단일성을 형성하도록 결합된 것을 뜻하며, 이때 단일성은 우리가 그것의 정의를 찾는 단일성이라는 사실에서도 확인된다. 즉 분리와 구별의 과정과 배제 및 선택의 과정, 그리고 그런 과정의 반복을 통해 도달한 더 이상 나눌 수 없는 최하 종은 단일한 형상이며 그런 단일한 형상의 인식 내용은 그것의 정의이다.

---

49) 같은 책, 270쪽 참조.

50) 같은 책, 272쪽 참조.

그러나 그것의 정의는 더 이상 단일성이 아니라 복합성이다. 이를테면 '인간은 이성적 이족동물이다' 라는 하나의 정의가 있을 수 있는데, 여기서 인간이라는 불가분의 형상(종)은 유의 본성(자연)과 모든 관련되는 종차들을 포함한다는 점에서 자연종인 동시에 복합적이다. 즉 인간에는 비단 동물이라는 유의 본성만이 아니라 이성적이라는 종차도 필연적으로 속한다. 그래서 나눔 자체만으로는 이런 복합성을 설명할 수 없다. 그렇다면 나눔은 이미 결합을 전제한 것이라고 할 수 있다. 즉 우리는 플라톤이 형상들 사이에서 형상들의 결합의 가능성의 조건으로서 나눔의 기술을 제시했다고 볼 수 있다.

결합의 필요성

방금 밝혀졌듯이 변증술에서 나눔은 결합에 선행하는 필수적인 절차이다. 즉 이른바 최하 종이 불가분적이라는 의미는 그 단계에서 나눔의 과정이 더 이상 수행될 수 없다는 것인데, 그러나 이것은 불가분적 종이 단순하며 그래서 더 이상 나뉠 수 없다는 것은 아니다. 만일 그렇다면 그것은 정의가 될 수 없기 때문이다. 그래서 나눔의 끝에서의 최하 종은 단일한 형상이지만 그것이 정의가 되기 위해서는 유적형상과 마찬가지로 비록 다른 방식이긴 하지만 복합적이다. 왜냐하면 최하 종은 유의 본성(자연)과 모든 관련되는 종차들을 포함한 결합체이기 때문이다.

그렇다면 그 결합은 어떤 의미를 갖고 있는가? 먼저 결합의 필요성을 알아보기 위해 『테아이테토스』에 언급된 로고스의 세 의미에 주목하자. 여기서 로고스의 첫번째 의미는 생각에 연결되어 있다. 즉 그것은 "동사와 명사들과 결합된 음성을 통해서 자신의 생각(dianoia)을 분명히 하는 것"이다.[51] 이는 말로써 생각을 표현한다는 의미이다. 두번째 의미는 과정(도정)의 이념과 결합되어 있다. 즉 "각각의 것에 관한 요소를 통한 상세한 나열이 로고스이다"(tēn dia stoicheiou diexodon peri hekastou logon einai).[52] 그것은 "요소를 통해 전체로 나아가는 방법(길)"(dia stoicheiou hodos epi to holon)이다.[53] 그리고 로고스의 세번째 의미는 차이(구별)를 언급한다. 즉 "만일 자네가 다른 것들로부터 구별하는 차이를 포착한다면, 자네는 거기서 로고스를 얻을 것이네"(tēn diaphoran hekastou an lambanēs hē tōn allōn diapherei, logon……lēpsē).[54]

이런 로고스의 세 의미가 연속적으로 명제, 이성, 정의의 의미에 일치하는가 않는가는 그리 중요하지 않다. 오히려 과정, 분리, 차이(구별)라는 로고스의 결정적 기능들에 주목하는 것이 본질적이다. 이런 기능들은 'dia'라는 전치사와 'hekastos'라는 말로부터 볼 때 무엇보다도 legein이 분리 또는 나열 및 추론적인 의미로 체계적으로 사용됨으로써 드러난다. 그래서 플라톤에서 로고스는 한편으론 요소들을 나누고 차이를 구별해 전체로 나아가는 로고스이다. 존재의 나눔과 이데아들의 분리에 관한 생각은 항상 말 속에 전제되어 있다. 그러나 말한다는 것은 다른 한편 전적으로 구별되는 요소들을 모으고 결합하는 것이다.

---

51) 앞의 대화편 206d1~2.

52) 같은 대화편, 같은 곳.

53) 같은 대화편, 같은 곳.

54) 같은 대화편, 208d6~7.

만일 이런 로고스의 의미를 고려한다면, 결합에는 언제나 나눔과 분리과정이 전제되어 있다고 할 수 있다. 그런데 이 대화편에서 결합을 나타내는 말들은 "koinōnia", "methexis", "meixis", "symplokē" 등이며, synthesis와 symplokē는 관계를 나타내는 다른 어떤 은유들보다도 더 직접적으로 로고스의 정의에 연결되어 있다. 따라서 이런 표현들을 통한 로고스의 정의는 요소들의 나눔과 분리와 나열을 전제한다. 물론 요소들은 여러 가지로 이해될 수 있다. 결과적으로 플라톤의 로고스의 정의를 구성하는 엮음(결합, symplokē)의 개념은 요소들로서 동사들과 명사들의 결합과 형상들의 결합에 대한 하나의 표현인 듯하다.

형상들의 결합의 산물인 로고스에 대해 플라톤은 다음과 같이 말하고 있다. "형상들 상호 간의 엮음을 통해서 로고스가 우리에게 생겨났다"(259e5~6). 여기서 '형상들의 엮음'은 251a8~b3에서 하나와 여럿의 형식하에서 플라톤이 제기한 존재론적 문제를 해결하기 위한 것이다.[55] 그리고 언어적 결합으로서의 진술(logos)에 대해 이런 언급을 한다. "진술이 계속해서 언급되는 명사들만으로

55) 251a8~b3에서 다음과 같이 언급된다. 즉 우리는 한 사람을 여러 이름으로 부른다. 우리는 그에게 색과 형태, 크기, 그리고 나쁨과 훌륭함을 속하게 한다. 이런 모든 진술들과 많은 다른 진술들에서 우리는 그가 한 사람일 뿐 아니라 많은 다른 것들이라고 말한다. 우리는 각각(hekaston)을 하나(hen)로 가정하고서(hypothemenoi), 다시금 그것을 여럿으로 그리고 여러 이름들로 부른다. 그러나 누구든 쉽게 여럿이 하나일 수 없고 하나가 여럿일 수 없는 것으로 반박할 수 있으며, 그래서 그들은 사람이 선하다 라고 말하는 것을 금하고 선이 선하고 사람이 사람이라고 말하게 한다.

이루어지는 일은 결코 없으며, 또한 명사들 없이 언급된 동사들만으로 이루어지지도 않는다"(262a9~11).

따라서 "인간은 배운다"(anthrōpos manthanei)는 하나의 명사와 하나의 동사로 된 protē symplokē의 한 예이다. 말하자면 그것은 "최초의, 그리고 가장 짧은" 로고스이다(262c6). 로고스는 이름붙이는 것뿐만 아니라 명사에 동사들을 결합시킴으로써(symplekōn) 하나의 완성을 보게 한다(262d3~4). 그래서 우리는 그것이 이름붙일 뿐 아니라 진술한다(legein)고 하고, 이런 엮음(결합체, tō plegmati, 262d6)을 진술이라 부른다.

로고스는 명사와 동사에 의해서 대상을 행위에 결합시킴으로써(syntheis pragma praxei, 262e12) 어떤 것의 어떤 것을 언급하는(legei ti kata tinos) 어떤 것의 로고스이다(tinos einai logon, 262e5). 더욱이 이런 엮음도 부정확할 수 있다. 이를테면 "테아이테토스는 난다"는 "사실들과 다른 것"(hetera tōn ontōn, 263b7)을 언급한다는 기준에서 하나의 거짓진술을 구성한다.

> "자네(테아이테토스)와 관련해 언급되더라도, 다른 것들이 같은 것들로, 그리고 있지 '(…이지) 않은 것들'(존재하지 않는 것들)이 있는 '(…인 것들)'(존재하는 것들)로 언급되는 경우에 실제로, 동사와 명사들로부터로 생긴 이런 결합(synthesis)이야말로 실제로 그리고 참으로 거짓진술이 되는 것 같군"(263d1~4).

따라서 대화와 사유의 요소들의 복합성과 단일성에 의존하는 엮음을 형상과 언어적 측면에서 고찰함으로써 우리는 일반적 의미에서의 로고스와 동등한 '존재'를 밝힐 수 있다. 그렇기 때문에 거짓진술은 그 자체로 대상과 행위의 잘못된 결합, 의미상의 그리고 구문상의 하나의 부정확한 결합에 상응하며, 그래서 변증술에 의존할 필요성은 결과적으로 참된 로고스의 가능조건에 상응한다. 즉 변증술은 이데아들을 유에 따라 구별할 줄 알고, 또 어떤 경우에는 그것들이 결합할 수 있되, 또 어떤 때는 결합할 수 없는지를 알고 결합함으로써 그것이 실재적이건 언어적이건 참된 로고스를 가능케 한다.

이렇듯 우리는 결합을 나타내는 말들에서, 특히 언어적 및 형상들의 엮음에서 플라톤의 로고스에 대한 정의를 볼 수 있었다. 즉 명사와 동사에 의해서 대상을 행위에 결합시키는 언어적 엮음으로서의 로고스는 동시에 어떤 것의 로고스이며(tinos einai logon), 그런 점에서 또한 존재의 로고스이다. 이는 거짓진술이 "사실들과 다른 것"을 진술한다는 점에서도 확인된다. 그리고 이 존재의 로고스는 형상들의 엮음에 의한 것이다. 이때 형상들의 엮음은 나눔의 끝에서 도달된 최하 종이 단일한 것이면서도 동시에 복합성으로서의 로고스라는 점을 해명하기 위해 요구된 것이라고 할 수 있다.

따라서 변증술에서 결합이란 형상들의 결합관계와 그것들의 인식으로서의 사고의 요소들의 엮음 및 언어적 엮음을 의미하며, 이제 단순히 추론작용을 통해 요소들로부터 전체로 나아가는 결합이 아니라 오히려 그 이상을 의미한다는 점에서 의의를 갖고 있다 하겠다.

■ 일러두기

1. 번역의 대본은 ‘옥스퍼드 고전 원전’(Oxford Classical Texts) 중에서 버넷(J. Burnet)이 편찬한 『플라톤 전집』(*Platonis Opera*)이다. 이 대본과 원문을 달리 읽은 경우에는 이를 밝혔다.
2. 본문에서 난(欄) 외에 있는 숫자와 기호들은 ‘스테파누스 쪽수’(Stephanus pages)라 부르는 것인데, 플라톤의 글을 인용할 때는 대화편의 이름과 함께 반드시 숫자와 기호를 표시하게 되어 있다. 이 책에서도 되도록 원문의 단들을 벗어나지 않으려 했다. 그러나 헬라스어와 우리말의 어순 차이로 해서 가끔은 한 행이 쪼개져 그 앞뒤의 어느 한쪽에 붙게 된 경우도 있다.
3. ( )는 괄호 안의 말과 괄호 밖의 말이 같은 뜻임을, 또는 같은 헬라스 낱말을 선택적으로 달리 번역할 수도 있음을 표시한다.
4. 〔 〕는 괄호 안의 말을 덧붙여 읽고서 그렇게 이해하는 것이 좋다고 생각했을 경우에 옮긴이가 보충한 것임을 나타낸다.
5. ‘ ’는 한 낱말의 헬라스어를 여러 낱말로 된 우리말로 풀어서 옮겼을 경우, 또는 특정 낱말이나 구절을 강조할 경우에 사용한 것이다.
6. 괄호 안의 원어는 헬라스 문자를 라틴 문자로 바꾸어 표기한 것이다.
7. 연대는 별다른 표기가 없는 한 ‘기원전’을 가리킨다.

■ 등장인물

테오도로스(Theodōros, 460년경 출생)

키레네 출신의 수학자. 플라톤과 테아이테토스의 스승으로, 본래는 프로타고라스의 제자였다. 『테아이테토스』 147d~148b에서 그는 $\sqrt{3}$, $\sqrt{5}$, 17에 이르기까지의 비정방형수의 근들이 무리수임을 증명했다고 언급된다. 소크라테스보다 10년쯤 연하인 그는 '엘레아에서 온 손님'을 소개하는 이로 등장한다.

소크라테스(Sōkratēs, 469~399)

역사적인 소크라테스로, 나이는 그의 말년인 70세로 추정된다. 이 대화가 이루어진 시기가 400년 혹은 399년 초이기 때문이다. 앞서 씌어진 『테아이테토스』와는 달리 이 대화편에서 그는 대화를 주도하는 이로 등장하지 않으며, '엘레아에서 온 손님'에게 테아이테토스를 대화 상대자로 삼아 대화를 진행해가도록 유도한다.

엘레아에서 온 손님(Eleatēs Xenos)

제논(Zēnōn)의 동료로 언급된다(216a3~4). 제논의 출생년도가 490년이기 때문에 그는 소크라테스보다 10년쯤 연상으로 보인다. 물론 이 사람은 역사적인 실존인물이기보다는 가상의 인물이다. 대화의 주인공으로 등장하는 그는 플라톤의 사상의 대변자로 보아야 할 것 같다.

테아이테토스(Theaitētos, 414~369)

철학은 플라톤한테서, 수학은 테오도로스한테서 배웠다고 알려진 인물로서 나이는 10대로 보인다. 그는 '엘레아에서 온 손님'과 함께 대화를 주도해나가며, 218b에서 이어지는 대화편(『정치가』)에서는 자신의 역할을 대신할 대화 상대자로 '〔젊은〕 소크라테스'가 등장할 것임을 암시한다.

216a 테오도로스 소크라테스님, 어제 합의한 대로[1] 저희는 어김없이 왔습니다. 더욱이 엘레아 출신의 손님으로서 파르메니데스[2]와 제논[3]의 동료인, 그리고 무엇보다도 '지혜

1) 이 대화편은 『테아이테토스』 말미의 "내일 아침에 여기서 다시 보기로 하죠"(210d3~4)라는 소크라테스의 말을 이어받는 형식을 취하면서 대화를 시작하고 있다. 뿐만 아니라 『정치가』도 이 대화편에 대한 언급과 함께 시작한다. 따라서 이 세 대화편 사이에는 어떤 연관이 있는 것 같다. 사실 『테아이테토스』는 제외하더라도 이 대화편과 『정치가』는 『철학자』와 함께 삼부작으로 기획되었다. 마지막 것은 출간되지 않았으나, 우리는 앞의 두 대화편을 통해 소피스테스 및 정치가(치자, 治者)뿐만 아니라 철학자의 모습에 대한 이해에도 도달할 수 있다. 이 점에서 우리는 이 대화편들 사이의 어떤 연관을 생각할 수도 있다.

2) 그는 『파르메니데스』 127b(450)에서 65세인 것으로 언급되기에, 그의 출생년도는 515년경으로 추정된다. 소크라테스 이전 철학자들 가운데 한 사람인 그는 엘레아 학파를 세웠으며, 그의 주요 학설은 단편들로 전해지는 산문형태지만 6보격으로 된 철학시에 담겨 있다. 그는 존재하는 다수의 사물과 그것들의 형태 변화 및 운동이란 단 하나의 영원한 실재(존재)의 현상에 지나지 않는다고 주장하고 모든 것은 '하나'(hen)라는 이른바

를 사랑하는 사람'(철학자)인 이 손님도 모시고 왔습니다.

소크라테스 테오도로스, 그러니까 선생은 호메로스의 말처럼[4] 자신도 모르는 사이에 손님이 아니라 어떤 신을 모시고 온 게 아닙니까?[5] 호메로스의 말인즉 많은 신들과 더

파르메니데스 원리를 세웠으며, 이런 존재개념을 바탕으로 변화와 비존재를 내세우는 것은 비논리적이라고 주장했다. 논리적 존재개념을 바탕으로 현상에 대한 주장을 펼쳤다는 점 때문에 그는 형이상학의 창시자 중 한 사람으로 여겨진다. 그는 이 대화편에서도 '신들과 거인족들 간의 싸움'과 관련해 '형상의 친구들'의 견해를 대표하는 자로 언급된다.

3) 파르메니데스의 제자이자 친구인 제논(Zēnōn, 495년경~430년경)은 아리스토텔레스가 변증술의 발명자라고 부른 이로서 특히 역설로 유명하다. 그의 역설은 논리학과 수학의 엄밀성을 발전시키는 데 이바지했으며 연속과 무한이라는 개념이 정확히 발전되고서야 비로소 해결될 수 있었다. 그는 '하나'(一者)의 존재에 관한 파르메니데스의 학설을 장려하기 위해 '여럿'(多者)의 존재를 믿는 상식적 견해를 논박하려고 애썼다. 플라톤의 『파르메니데스』에는 '젊은' 소크라테스가 파르메니데스와 '40세 가량의 남자'인 제논과 함께 대화를 나누었다고 씌어 있는데, 거기에서 제논의 의도에 대한 플라톤의 설명은 정확한 것 같다. '하나'의 존재에 관한 파르메니데스의 이론이 모순을 안고 있다고 생각한 사람들에 맞서 제논은 시간과 공간 속에 다수의 사물이 존재한다고 가정하는 것이 더 심각한 모순을 가지고 있다는 점을 보여주려 했다.

4) 소크라테스는 호메로스의 『오디세이아』(9. 269~271 ; 17. 485~487)에 있는 두 부분을 인용한다. 뒤엣것은 『국가』 381d에도 인용되어 있다. "신들은 다른 나라에서 온 낯선 사람들처럼 온갖 모습을 하고 나라들을 방문합니다."

5) 우연히도 Theodoros란 이름은 '신(theos)의 선물(dōron)'을 의미한다.

b 욱이 손님 접대를 하는 신은 올바르고 염치있는 사람
이면 누구든 어김없이 따라가는데, 이는 사람들의 오
만무례함(hybris)과 공손함을 목격하기 위해서라죠.
그래서 아마 이분도 선생을 따라와 우리가 논의에서
나약해질 때 이를 보이고 논박할 유능한 자들[6] 중 한
분으로, 일종의 논박하는 신(theos tis elenktikos)일
테죠.

테오도로스 소크라테스님, 이는 손님의 방식[7]이 아닙니다. 오히
려 이분은 논쟁을 일삼는 사람들보다 한결 삼가는 편
이죠. 제가 보기에 이분은 결코 신은 아니고 신과 같
은 사람입니다. 왜냐하면 저는 지혜를 사랑하는 사람
c 이면 누구든 그렇게 부르니까요.

소크라테스 선생, 옳은 말씀이오. 실은 신의 부류보다는 이 부류를
식별하기가 더 쉽지 않을 거요. 다른 사람들의 무지 탓
으로 여러 모습으로 나타나는 이 사람들은 물론 위장
하지 않은 진짜 철학자들로서, 위로부터 지상의 인생
을 내려다보면서 여러 도시를 배회하며[8] 어떤 이들에
게는 하찮은 사람으로 보이지만 어떤 이들에게는 중요
한 사람으로 보이니까 말입니다. 그래서 이들은 어느
d 때는 정치가로, 다른 때는 소피스테스들로 보이지만,
때에 따라서는 정신나간 사람이라는 생각을 주기도 하

6) 신들을 뜻한다. 『에우티데모스』 291a 참조.

7) 『테아이테토스』 145c2 참조. "테오도로스의 방식".

8) 호메로스, 앞의 책, 17. 486 참조.

죠. 손님께서 허락하신다면, 저는 우리의 손님한테서 기쁜 마음으로 그 고장 사람들이 이 부류들을 어떻게 생각하고 어떤 이름으로 부르는지 듣고자 합니다.

217a <u>테오도로스</u> 어떤 부류들을 두고 하시는 말씀입니까?

<u>소크라테스</u> 소피스테스(sophistēs), 정치가(politikos), 철학자(philosophos)죠.

<u>테오도로스</u> 하지만 선생님께선 이들과 관련해 특히 무엇이 혼란스러워서 묻고자 하십니까?

<u>소크라테스</u> 그건 이런 겁니다. 이들 모두를 하나 또는 둘로 보았는지, 아니면 이름이 셋이듯 이 부류들을 셋으로 나누어 하나하나의 이름에 따라 저마다에 하나의 부류(genos)[9]를 부여했는지 하는 거죠.

<u>테오도로스</u> 한데 제가 보기에 이분으로서는 이들을 논의하는 것

---

9) genos라는 표현에서 우리는 이 탐구의 출발점이 개별적인 소피스테스가 아니라 소피스테스라는 부류임을 알 수 있다. 플라톤에게 있어서 'genos' 는 'eidos' 와 같은 뜻으로, 또는 그보다 상위개념으로 쓰인다. 이것들은 그에게 있어서 중요한 철학적 전문용어로도 쓰이는데, 'eidos' 는 'idea' 와 마찬가지로 '형태', '모양', '외관', '성질', '종류', '종', '모습', '보임새', '본모습' 등의 뜻을 지닌다. 이것들은 플라톤의 원전 속에서 일상언어로 그대로 쓰이면서 이에 기반을 두고 그 의미가 확장되거나 전용되고 있다. 플라톤의 전문용어로서의 '이데아' 나 '형상' 은 사물 또는 존재의 '본모습' 또는 '참모습' 으로, 우리 육안에는 보이지 않으나 '지성' (nous)에 의해서 보게 되는 것이라는 뜻으로 쓰인 말들이다. 따라서 이 대화편의 탐구 목적도 소피스테스라는 부류의 '본모습' 내지 '참모습' 이다.

에 아무런 거부감도 갖지 않는 듯합니다. 아니면 손님이시여, 어떻게 말할까요?

b 손 님 맞습니다, 테오도로스님. 나는 아무런 거부감도 갖고 있지 않거니와, 그들이 이 부류들을 셋으로 보았다고 말하는 데 아무 거리낌도 없습니다. 하지만 각각의 부류와 관련해서 '그것이 도대체 무엇인가'[10)]를 분명히 규정하는 것은 사소하지도 수월하지도 않은 일이죠.

테오도로스 소크라테스님, 선생님께선 우연히도 우리가 여기에 오기 전에 이분께 물었던 것과 비슷한 논의들을 하게 되었군요. 그러나 이분은 그때에도 우리에게 방금 선생님께 했던 것과 똑같은 변명을 했지요. 어쨌든 이 사람이 익히 들었고 잊지 않았다고 하죠.

c 소크라테스 손님이시여, 그러니까 우리가 선생님께 묻고 있는 첫 번째 호의를 저버리지 마시고 오히려 다음을 우리에

---

10) 이 물음(ti pot' estin;)은 소크라테스적인 캐물음으로, 사태(pathos)에 대한 물음이 아니라 그 본질(ousia)에 대한 물음이다. 그러나 본질이나 보편자에 대한 소크라테스적 물음은 그 실재성에 대한 물음은 아니다. 이 경우 '이데아'나 '형상'은 실재성이 강조되는 '형상'의 의미보다 여러 사례에서 찾아볼 수 있는 본질적인 특성이나 특징, 즉 그런 사태들을 판별할 수 있는 표준을 의미한다. 그러나 여기서는 탐구대상의 실재하는 본질에 대한 물음이다. 따라서 우리의 추구는 소피스테스의 본질에 대한 추구이다. 그리고 이 물음에 대한 답을 구하는 방법으로서의 변증술도 소크라테스적인 문답법과는 달리 순수사유술로, 복잡한 방법적인 절차들을 포함하고 있다. 플라톤의 후기 변증술에 관해서는 옮긴이의 「플라톤의 후기 변증술」, 『철학연구』 42집(1998)을 참조하라.

게 말씀해주세요. 선생님께선 본인이 어떤 사람에게 명백히 하고자 하는 것을 말함으로써 몸소 선생님 편에서 긴 논의를 통해 설명하길 반겨하는지요, 아니면 질문을 통해서 하길 반겨하는지요? 이를테면 파르메니데스님께서 매우 연로하셨을 때, 젊은 제가 이를 사용해서 중요한 논의들을 진행시키는 그분 곁에 참석했던 것처럼요.[11)]

d 손 님 소크라테스님, 부담을 주지 않고 다루기 쉽게 대화하는 사람과는 남을 상대로 하는 일이 한층 수월하지만, 그렇지 않은 경우면 스스로 하는 편이 낫죠.

소크라테스 그러시다면 참석자들 가운데 선생님께서 원하는 사람이면 누구든 택하셔도 좋습니다. 너나할 것 없이 선생님께 상냥하게 대답할 테니까요. 그러나 만일 선생님께서 제 제안을 따른다면 젊은이들 가운데 한 사람, 여기 있는 테아이테토스를 택하셔도 돼요. 아니면 다른 이들 가운데 선생님 마음에 드는 사람이 있다면 그

---

11) 늙은 파르메니데스가 현란하게 질문의 절차를 수행하는 것을 목격했다는 소크라테스의 회상은 손님이 그의 스승의 절차를 모방하게 하려는 의도를 담고 있다. 『파르메니데스』에서 질문의 방법은 진지한 철학적 탐구의 예비적 단계인 '훈련' 으로 기술되고 있다(같은 대화편, 135c8 이하). 파르메니데스적인 훈련은 손님이 채택한 절차들과는 명백히 다른 것이다. 손님은 분명히 질문과 대답하는 논의의 방법 대신 장황한 연설 쪽을 택하며, 다만 마치 과시하려는 듯이 논의를 질질 끄는 것은 염치없는 짓(aidōs tis)이라고(217d8~e3) 말한다.

를 택하세요.

손 님 소크라테스님, 여러 분들과 초면인 지금 제가 짤막하게 말을 주고받음으로써 논의를 진행하지 않고, 오히려 저 스스로건 남을 상대로건 마치 과시하려는 듯이 논의를 길게 질질 끈다면, 이는 어느 면에선 염치없는
e 짓이죠. 왜냐하면 지금 물으신 것은 실은 그런 식으로 물었던 그 정도로 기대할 수 있는 그런 어떤 것이라기보다는 긴 논의거리일 테니까요. 그러나 선생님과 이들에게 기꺼이 응하지 않는 일은 특히 선생님께서 하신 말씀에서 볼 때도 제겐 손님답지 못하고[12] 무례해 보이기조차 합니다. 이는 저 자신이 전에 그와 대화를 나누어보았고 선생님께서 지금 당부까지 하시니, 테
218a 아이테토스가 실로 대화 상대자가 된다는 것을 제가 그야말로 받아들이는 탓이기도 하죠.

테아이테토스 그러니 손님이시여, 소크라테스님께서 말씀하셨던 대로 모두를 기분좋게 해주세요.

손 님 그 점에 관해서는 더 이상 말이 필요없을 듯하이, 테아이테토스. 하지만 이제부터 논의는 자네를 상대로 진행될 것 같으이. 그러나 만일 논의의 길이에 지쳐서 부담스러워한다면, 나를 책할 것이 아니라 여기에 있는 자네 친구들을 책해야 하네.

b

---

12) 이 말은 '손님이 아닌', 그리하여 '손님에 적합하지 않은'이라는 axenos를 옮긴 것이다.

테아이테토스 그러나 제가 생각하기엔 바로 지금부터 지쳐 떨어지지는 않을 것 같습니다. 한데 만일 그런 일이 일어난다면, 저희는 여기 있는 소크라테스를 끌어들일 겁니다. 그는 소크라테스와 동명이며 저와는 동년배이자 체육학교 동료[13]로서, 거기서 저와 함께 많은 힘든 일들을 했죠.

손 님 좋으이. 논의가 진행되는 가운데 자네는 이 점들에 관해서도 개인적으로 충고를 할 걸세. 하지만 먼저 소피스테스로부터 시작해서 논의를 통해(logō) 도대체 그
c 부류가 무엇인가를 찾고 밝힘으로써[14] 자네도 이제 나와 공동으로 탐구를 해야 할 것이네. 지금 자네와 나는 이 부류에 관해 이름만 공동으로 갖고 있을 뿐, 우리가 저마다 그것에 붙인 기능(ergon)은 따로따로 우리 자신 안에 지니고 있는 것 같기 때문이네. 그러나 우리는 언제나 모든 점에서 논의 없이 이름에 관해서만 합의를 보는 것보다는 논의를 통해서 대상 자체

13) 웃통을 '벗고'(gymnos) 한다고 해서 생겨난 말이 체육(gymnastikē)이며, 청소년을 위한 체육시설을 제대로 갖춘 공공장소가 체육학교(gymnasion)이다(박종현 옮김, 『국가』, 165쪽, 376e 주석 참조). 여기서의 체육학교 동료(syngymnastēs)도 gymnasion에서 함께 훈련한 동료를 뜻하는 말로 같은 어원에서 왔다.

14) 여기서 손님은 소피스테스의 본성을 논의(logos)를 통해 밝혀야 함을 분명히 하고 있다. 따라서 탐구 목표인 소피스테스의 '무엇'은 그것의 기능(ergon, 218c2)과 대상 자체(to pragma auto, 218c4)이다.

(to pragma auto)에 관해서 합의를 보아야만 하네. 그런데 지금 우리가 찾고자 하는 종족(to phylon)은 도대체 그것이 무엇인가를 포착하기(syllabein)가 어느 것보다도 쉽지 않은 것으로서, 소피스테스라는 부류일세. 그렇지만 또한 큰 것들을 훌륭히 수행해야 하는 한, 이런 일들과 관련해서 큰 것들 자체에 종사하

d 기에 앞서 작고 사소한 것들에 종사하는 것이 옛날부터 누구에게나 옳게 여겨졌네.[15] 테아이테토스, 그래서 지금 나도 우리가 소피스테스란 까다롭고 추적하기 힘든 부류라고 생각하는 한, 우리에게 비록 자네가 어느 곳에서도 한결 수월한 다른 길을 말할 수 없다 하더라도, 다른 수월한 것에서부터 그 부류를 추적[16] 하도록 권하네.

테아이테토스 하지만 저로서는 그 길을 말할 수 없군요.

손 님 자, 그러면 사소한 것들 가운데 하나를 추구함으로써

---

15) 이와 관련된 속담은 『고르기아스』 514e와 『라케스』 187b에 인용되어 있다.

16) '추적', '방법' 등으로 옮겨지는 methodos는 '나중에'를 뜻하는 전치사 meta와 '길'을 뜻하는 명사 hodos가 결합하여 생긴 말로 '길을 뒤쫓아감'을 뜻한다. 이를테면 누군가가 등산로를 발견하기까지는 힘든 과정을 거칠 수밖에 없다. 그러나 그가 일단 등산로를 발견하면, 다른 사람들이 그 길을 뒤쫓아가는 것은 수월하다. 이렇듯 '방법'이란 누군가가 힘들게 만들어놓은 길을 수월하게 뒤쫓아감을 뜻한다. 여기서는 탐구행위를 마치 사냥감을 추적하는 것에 비유해서 말하고 있다.

그것을 더 큰 것의 본(paradeigma)[17]으로 삼도록 해 볼까?

e 테아이테토스 그렇게 하시죠.

손 님 그렇다면 알기 쉽고, 작지만 큰 것들 못지않게 논의거리가 되는 것으로 무엇을 내세워야 할까? 이를테면 낚시꾼(aspalieutēs) 말일세. 그러니까 그는 누구에게나 잘 알려져 있고 크게 열의를 보일 가치도 없는 대상이 아닌가?

테아이테토스 그렇습니다.

219a 손 님 나는 그가 우리가 원하는 대상에 적합한 방법(해결의 열쇠)과 의미규정(logos)을 갖기 바라네.

테아이테토스 그렇다면야 좋은 일이지요.

손 님 자, 그러면 그 사람에 관해서 이런 식으로 시작하세. 그러니 이걸 내게 대답해주게. 우리는 그를 '기술이 있는 자' (technitēs)로 볼 것인가, 아니면 '기술은 없지만 다른 능력(dynamis)을 지닌 어떤 사람' 으로 볼

17) paradeigma는 보기, 예, 본, 본보기 등의 뜻이 있다. 플라톤에게 있어서 이 말은 '예' 를 의미하기도 하지만, 이데아나 형상처럼 '본' 을 의미할 때도 있다. 여기서는 앞엣것의 의미로 사용되고 있다. 플라톤은 이 대화편에서 본격적인 탐구방법을 먼저 예를 통해 제시하고 있으며, 이는 『정치가』에서도 볼 수 있다. 거기서 플라톤은 치술(治術)을 탐구하기 위한 방법의 예로서 직조술(hyphantikē)을 든다. 그리고 예를 사용하기에 앞서 예의 본성을 밝히는데, 이때에도 '예의 예' 를 사용한다. 이때 예의 방법적인 의미도 드러난다. 『정치가』 277e9~278c6 참조.

것인가?

테아이테토스 적어도 결코 '기술이 없는 자' 라고 볼 수는 없지요.

손 님 그러나 실은 모든 기술(technē)[18]에는 대개 두 종류(eidē)가 속하네.[19]

테아이테토스 어떻게요?

손 님 농사와 모든 사멸하는 몸체와 관련된 보살핌, 우리가 용기(用器)라 부르는 조립물 및 조형물과 관련된 것,
b 그리고 모방술, 이 모든 것은 의당 하나의 이름으로 불릴 걸세

테아이테토스 어떻게, 그리고 어떤 이름으로요?

손 님 만일 누군가가 무엇이건 전에 없었던 것을 나중에 존재(ousia)로 이끈다면, 우리는 확실히 이끄는 자는 '만든다' (poiein)고, 이끌어진 것은 '만들어진다' (poieisthai)고 하네.

테아이테토스 옳으신 말씀입니다.

손 님 그런데 방금 우리가 언급한 모든 것이야말로 이 점과

---

18) technē는 어떤 전문분야에서의 '재주', '솜씨' 를 의미하며, 특히 어떤 '전문적인 지식', '기술', '방법', '체계' 를 의미한다. 그것은 학술이나 기술 또는 논쟁술이나 변증술에서처럼 '-術' 에 해당한다.

19) 217a~b의 주석에서도 밝혔듯 이 대화편은 개별적인 소피스테스가 아니라 소피스테스라는 부류의 '참모습' 을 밝히려 하는데, 나눔(diairesis)의 방법은 이 목적을 위해 동원된다. 따라서 나눔은 유(종, 형상, eidos)인 대상에 관여하거니와, 그것을 통해 나뉜 것들도 종들이다. 이 구절은 이 점을 분명히 보여준다.

관련해서 그것들의 능력(기능, dynamis)을 지녔네.

테아이테토스 그렇고말고요.

손 님 그래서 우리는 이것들을 함께 뭉뚱그려서 제작술(poiētikē)이라 하세.[20]

c 테아이테토스 그렇게 하죠.

손 님 이것 다음으로 또한 전체적으로 '배움의 부류' 와 '인식의 부류' 및 '돈버는 부류' 와 '경합하는 부류', 그리고 사냥하는 부류와 관련해서, 이들 가운데 어느 부류도 제작은 하지 않고 존재하는 것들과 생성된 것들을 말과 행동에서 의해 장악하지만 장악하려는 이들에게는 그것들을 허용하지 않기 때문에, 무엇보다도 이 모든 부분에 두루 걸치는 기술이 일종의 획득술(ktētikē)로 불린다면, 이는 적절할 걸세.

테아이테토스 네, 그런 것 같군요.

d 손 님 만일 모든 기술이 '제작술' 과 '획득술' 로 되어 있다면 테아이테토스, 우리는 낚시술을 어디에 놓아야 할까?

테아이테토스 그야 단연코 획득술에지요.

손 님 그런데 획득술에도 두 종류가 있지 않은가? 하나는 선물과 임금과 구매를 통해 상호간에 자발적으로 '교

20) 219a10~b2에 제작술의 세 종류가 농사와 모든 '사멸하는 몸체들의 보살핌', '용기들의 제작', '모방술' 로 언급되어 있다. 그리고 219b4~6에는 제작행위가 정의되어 있다. 그러나 이 세 가지 것은 '앞서 존재하는 어떤 것' 을 갖고 제작행위를 한다는 점에서 219b4~6의 정의와 일치하지 않는다.

환하는 부류' 지만, 나머지 것은 말로든 행동으로든 전체적으로 장악하는 것이므로[21] '장악하는 부류' 일 테지?

테아이테토스 그야 하신 말씀에 따르면 그럴 테죠.

손 님 하지만 다음은 어떤가? 그러니까 우리는 장악술을 둘로 나누어야 하지 않을까?

테아이테토스 어떻게요?

e 손 님 '공공연히 하는 부분' 은 전체적으로 '경합' 으로 놓지만, '은밀히 하는 부분' 은 모두 '사냥' 으로 놓네.

테아이테토스 그야 그렇지요.

손 님 그렇지만 사냥술을 둘로 나누지 않는 것(to mē ou temnein dichē)[22]도 이치에 안 맞는 일일세.

테아이테토스 어떻게 나눌지 말씀이나 하세요.

손 님 '살아 있지 않은 부류' 의 사냥과 '살아 있는 부류' 의 사냥으로 나누네.[23]

---

21) 이 언급은 소피스테스들의 진짜 모습을 암시하는 것 같다. 그들은 말로써 대중들을 설득하는 데 능했으며, 실제로 설득술이나 변론술을 대중들을 상대로 가르쳤다. 그러나 그들은 말로써 설득하는 데 실패하면 설득하기 위해 무슨 짓이든(panourgia) 한다. 따라서 그들은 말과 행동으로써 대중을 장악하는 데 능한 자들이다. 물론 이들에게 설득이나 설득이 실패할 경우의 행동은 바른 가치의 토대가 되는 원칙(logos)에 따른 것이 아니다.

22) 이 표현은 나눔(diairesis)의 방법을 나타내는 전문적인 용어들 가운데 하나이다.

23) 여기에서 '살아 있는 것' 과 '살아 있지 않은 것' 은 'empsychon' 과

테아이테토스 두 부류가 존재한다면야, 물론 그렇죠.

220a 손 님 어찌 존재하지 않겠나? 그리고 우리로서는 자맥질의 어떤 약간의 부분들과 그와 같은 다른 간단한 것들은 예외로 하고, 살아 있지 않은 것들 가운데 그리 중요하지 않은 부류에는 안녕을 고해야 하지만, 다른 부류에 대해서는 그게 살아 있는 동물들의 사냥이기에 '동물사냥술' 로 불러야만 하네.

테아이테토스 그렇게 하죠.

손 님 그런데 동물사냥술에 대해서도 두 종류로 말하는 것이 옳지 않을까? 하나는 여러 종류와 이름으로 나누어진 '걸어다니는 부류' 에 관한 것으로서 발짐승사냥이지만, 다른 하나는 '헤엄치는 동물' 에 관한 것으로서 전체적으로 '물속사냥' 일세.

테아이테토스 물론입니다.

b 손 님 그런데 우리는 헤엄치는 동물 가운데 하나를 '날개 달린 부류' 로, 다른 하나는 '물 속에 사는 부류' 로 보네.

테아이테토스 어찌 그렇지 않겠습니까?

손 님 그리고 날개 달린 부류의 사냥은 모두 실은 일종의 '새사냥술' 로 불리네.

'apsychon' 을 옮긴 말들이다. 이 말들은 psychē를 포함하고 있으므로 psychē가 생명의 근원임을 알 수 있다. psychē는 본래 숨, 목숨을 뜻했다. 헬라스인들은 '숨' 을 살아 있는 것들의 징표로 여겼으며, 따라서 'psychē를 갖고 있는 것' 은 '살아 있는 것' 이라고 생각했다. 피타고라스 학파의 혼(魂)의 불멸설도 같은 맥락이다. 그들은 혼은 살아 있는 것이므로, 영원히 산다고 생각했다.

테아이테토스 단연코 그렇게 불립니다.

손 님 그런데 물 속에 사는 부류의 사냥은 대개 '물고기잡이술' 이라네.

테아이테토스 그렇습니다.

손 님 한데 다음은 어떤가? 그러니까 이 사냥 또한 우리는 두 큰 부분으로 나눌 수 있지 않을까?

테아이테토스 어떤 부분들로요?

손 님 하나는 에워쌈에 의해 사냥하는 것이지만, 다른 하나는 후려침에 의해 사냥하는 것이네.

테아이테토스 무슨 말씀이십니까? 그리고 어떻게 각각을 나누시는지요?

c 손 님 앞엣것과 관련해서, 막기 위해 에워쌈으로써 어떤 것을 가두는 모든 것은 '에워쌈' (herkos)이란 명칭을 가질 만하네.

테아이테토스 그야 그렇지요.

손 님 통발과 그물과 올가미와 바구니, 그리고 그와 같은 다른 것들이야말로 에워싸는 것말고 달리 어떤 것으로 부를 수 있겠는가?

테아이테토스 다른 명칭은 없습니다.

손 님 그래서 우리는 사냥의 이 부분을 '그물사냥' 이나 그와 같은 어떤 것으로 부를 걸세.

테아이테토스 좋습니다.

손 님 다른 하나는 앞엣것과는 달리 낚싯바늘과 삼지창(작살)의 후려침에 의해서 되는데, 우리는 이제 이를 한

d 마디로 '후려잡는 사냥'으로 불러야 할 걸세. 아니면 테아이테토스, 달리 더 좋은 이름이 있는가?

테아이테토스 더 이상 이름에 개의치 마세요. 이로서도 족하니까요.

손 님 그러면 내 생각으론 후려잡는 사냥 가운데 불 〔로부터 생긴〕 빛에 의해 밤에 하는 것은 그 사냥과 관련된 사람들 자신에 의해서 '불빛에 의한 사냥'으로 불리게 되네.

테아이테토스 그건 사실입니다.

손 님 그러나 낮에 하는 것은, 삼지창조차도 끝머리에 낚싯바늘을 갖고 있기에 모두 '낚싯바늘사냥'일세.

e 테아이테토스 확실히 그렇게 불립니다.

손 님 그러면 이제 후려잡는 기술에 속하는 낚싯바늘사냥 가운데 위에서 아래로 하는 것은 무엇보다 삼지창을 사용하기에, 내가 보기에는 일종의 '작살던지기'라 불리네.

테아이테토스 어떤 사람들은 그렇게 부르죠.

손 님 그러나 남은 것은 여전히 한 종류뿐일세.

테아이테토스 어떤 종류인데요?

손 님 그건 이와는 정반대의 후려침에 속하는 것으로서, 만일 누군가가 작살에 의해 하는 것처럼 물고기의 몸체
221a 를 치지 않고 사냥감의 머리와 주둥이 언저리를 그때마다 치는 한 낚싯바늘에 의해서 하는 것이며, 반대로 아래에서 위로 낚싯대와 낚시찌에 의해 끌어올리는 것일세. 테아이테토스, 우리는 그것을 어떤 이름으로

불러야 할지 말할 걸세.

테아이테토스 제가 보기엔, 방금 우리가 찾아야 한다고 제안했던 바로 그것이 이제 종결된 것 같군요.

손　　님 그러니까 이제 자네와 나는 낚시술과 관련해서 비단
b 이름만 합의를 본 것이 아니라 바로 기능과 관련해서도 충분히 정의(logos)를 포착했네. 왜냐하면 모든 기술의 반은 획득적 부분이며, 획득술의 반은 장악하는 부분이고, 장악술의 반은 사냥의 부분이고, 사냥술의 반은 동물사냥의 부분이고, 동물사냥술의 반은 물속사냥의 부분이고, 물속사냥술의 아랫부분은 전체적으로 물고기잡이술의 부분이며,[24] 물고기잡이술의 반은 후려잡는 부분이고, 후려잡는 사냥의 반은 낚싯바늘 사냥이기 때문일세. 그런데 이것의 아래에서 위로 끌
c 어올리는 후려침과 관련된 부분은 그 행위 자체와 이름이 닮아서, 지금 우리가 찾고 있는 낚시술로 불리게 되네.[25]

테아이테토스 그야말로 이것은 충분히 밝혀졌습니다.

손　　님 자, 이제 이 본에 따라 소피스테스와 관련해서도 '도대체 그 부류가 무엇인가' (hoti pot' estin)를 찾도록 하세.

---

24) "아랫부분" 은 물이 실제로 공기 아래에 있다는 사실을 지시한다.

25) 우리는 이 부분에서 낚시술의 어원에 관한 설명을 볼 수 있다. 즉 낚시술은 헬라스어로 'aspalieutikē' 인데, 우리는 그것이 'ana' (위로)와 'spaō' (끌어당기다)가 결합된 말임을 알 수 있다.

테아이테토스 그렇게 해야죠.

손　님 그런데 이것도 실은 맨 처음에 물었던 것으로서, 우리는 낚시꾼을 문외한(idiōtēs)이나 '기술을 가진 자' 중 어느 쪽으로 보아야 할 것인가 하는 것이었네.

테아이테토스 그렇습니다.

d 손　님 테아이테토스, 그러니까 이제 바로 이 사람을 문외한으로 볼 것인가, 아니면 여하간 정말로 소피스테스로 볼 것인가?

테아이테토스 결코 문외한은 아닙니다. 왜냐하면 저는 선생님께서 말씀하시는 것, 즉 무엇보다도 그가 바로 이런 이름을 지니고 있는 이상 그런 사람이어야 한다는 것을 알고 있으니까요.

손　님 그렇지만 우리로서는 그가 일종의 기술을 지니고 있다고 보아야만 할 것 같네.

테아이테토스 그러시다면 이것이야말로 도대체 무엇인가요?

손　님 그러니까 신에 맹세코, 우리는 그 사람이 어떤 사람과 같은 부류(syngenē)라는 사실을 몰랐는가?

테아이테토스 누가 누구와 그런 관계라는 겁니까?

손　님 낚시꾼이 소피스테스와 그런 관계라네.

테아이테토스 어떻게요?

손　님 내겐 분명히 두 부류가 다 일종의 사냥꾼인 것 같네.

e 테아이테토스 한쪽은 무엇을 사냥하죠? 다른 쪽에 대해서는 이미 말했으니까요.

손　님 방금 우리는 '헤엄치는 부류' (naustikou merous)와

'걸어다니는 부류'(발짐승, to pezon)[26]로 나눔으로써, 모든 사냥을 둘로 나누었네.

테아이테토스 그렇고말고요.

손 님 그리고 우리는 물 속의 것들 가운데 헤엄치는 것들과 관련된 모든 것들에 관해서는 상세히 언급하였지만, 걸어다니는 부류에 관해서는 그것이 여러 종류(polyeides)일 거라고 말함으로써 더 이상 나누지 않았네.

222a 테아이테토스 물론 그랬지요.

손 님 지금 여기까지 소피스테스와 낚시꾼은 획득술로부터 함께 온 셈이네.

테아이테토스 그런 것 같습니다.

손 님 그런데 양자는 바로 동물사냥에서 갈라지는데, 그 가운데 한쪽은 그곳에 있는 동물들을 사냥하러 바다와 강과 호수로 간다네.

테아이테토스 그건 사실입니다.

손 님 반면 다른 쪽은 육지, 그리고 다른 종류의 강, 이를테면 풍부한 초지(草地)와 같은 부(富)와 젊은이의 강으로 가서 거기에 있는 사냥감들을 장악하려(손에 넣으려) 하네.

---

26) pezon은 '걸어다니는 부류'로서 발짐승을 의미하지만, 걸어다니는 부류에는 발짐승만이 아니라 '날개 달린 부류'도 포함된다. 그러나 220b1~2에서 날개 달린 부류는 '물 속에 사는 부류'와 함께 걸어다니는 부류에서 나뉜 '헤엄치는 부류'의 한부분으로 나뉘었다.

b 테아이테토스 무슨 뜻으로 하시는 말씀입니까?

손 님 걸어다니는 부류의 사냥도 크게 두 부분으로 이루어진다네.

테아이테토스 각각의 부분은 어떤 것인데요?

손 님 하나는 '길들인 동물들'의(tōn hēmerōn) 사냥이고, 다른 하나는 '야생동물들'의(tōn agriōn) 사냥일세.[27]

테아이테토스 그렇지만 길들인 동물들의 사냥이란 게 있나요?

손 님 있고말고, 사람이 길들인 동물이라면 말일세. 그러나 이 점에 대해서는 자네 좋을 대로 생각하게. 즉 길들인 동물이 전혀 없다고 생각하건, 길들인 다른 어떤 동물이 있긴 하지만 인간은 야생동물이라고 생각하건, 아니면 자네가 인간은 길들인 동물이라고 말하더라도 인간들에 대한 사냥은 전혀 없다고 생각하건 말일세. 이 말들 가운데 어떤 것이 자네 마음에 드는 것으로 여겨지건, 우리는 이렇게 구별하네.

---

27) 『정치가』에서 걸어다니는 부류는 '무리지어 사는 부류'의 일종으로(264d1~3), '무리지어 사는'은 '길들인'과 동의어로(263e6~264b5) 언급된다. 그런데 여기서 손님은 인간을 길들인 동물에 속하게 한다. 이 대화편과 『정치가』에서 '길들인'과 '무리지어진'이 동의어로 쓰인 것은 모호하다. 동물은 무리지어 살면서도 야생으로 있을 수 있는데, 야생의 말이 한 예이다. 만일 '무리지어 사는 동물'을 '길들인 동물'로 이해한다면, '무리지어 산다'는 것은 자연적인 것이 아니라 인간에 의해 부여된 속성이다. 길들인 동물들은 확대하면 정치적인 동물들이다. 그렇다면 인간들의 경우에 인간이 본성적으로 정치적인 동물인지는 문제가 된다.

c 테아이테토스 하지만 손님이시여, 저는 우리가 길들인 동물이라고 보며, 인간들의 사냥도 있다고 주장합니다.

손 님 그러면 이제 '길들인 동물사냥'도 두 가지라고 하세.

테아이테토스 무슨 근거로 그렇게 말씀하십니까?

손 님 우리는 해적질과 노예사냥, 그리고 참주통치 및 모든 전쟁술을 통틀어 하나로, 요컨대 '강제에 의한 사냥'(biaion thēran)으로 규정하네.

테아이테토스 그렇고말고요.

손 님 반면 우리는 법정연설술과 대중연설술, 그리고 〔교제를 위한〕 대화술을 다시금 전체적으로 하나, 즉 하나

d 의 설득술(pithanourgikē)로 부르네.

테아이테토스 옳으신 말씀입니다.

손 님 이제 설득술도 두 부류가 있다고 하세.

테아이테토스 어떤 것인데요?

손 님 하나는 사사로이(개인을 대상으로, idią) 행하는 것이지만, 다른 하나는 공공연히(대중이나 국가를 대상으로, dēmosią) 행하는 것이네.

테아이테토스 물론 각각의 부류가 있게 되겠죠.

손 님 그렇다면 '개인사냥술'(idiothēreutikē) 가운데도 하나는 '보수를 받는 사냥'이지만, 다른 하나는 '선물을 주는 것'이 아니겠는가?

테아이테토스 모르겠습니다.

손 님 아마도 자네는 연인들의 사냥에 대해서는 전혀 주의를 하지 않는 것 같군.

테아이테토스　어떤 점에 대해서요?

e　손　님　그들이 사냥감(대상)들에게 선물을 준다는 점에 대해서 말일세.

테아이테토스　지당하신 말씀입니다.

손　님　그럼 이걸 구애술(사랑하는 기술, erōtikē technē)의 한 종류라고 하세.

테아이테토스　물론 그래야죠.

손　님　그런데 보수를 받는 사냥들 가운데 하나는 호의와 주로 쾌락을 통한 미끼를 던짐으로써 교제를 하고 오직 자기 자신만의 유지를 위해 보수를 우려내는 부류인데, 내가 생각하기에 우리는 누구든 이를 아첨이나
223a　'흥을 돋구는 기술'로 부를 걸세.

테아이테토스　어찌 그렇지 않겠습니까?

손　님　반면 다른 하나는 훌륭함(덕, aretē)[28]을 위해 교제한다고 공언하면서 보수를 현금으로 우려내는(요구하는) 부류인데, 그러니까 이 부류는 다른 이름으로 부

---

28) aretē는 흔히 '덕'으로 옮겨져 왔다. 이 말은 본래 모든 사물이 이를 수 있는 그 종류 나름의 '훌륭한 상태', 즉 '좋은(agathos) 상태'를 의미하는 것으로, 그 종류 나름의 '기능'(ergon) 또는 '구실', 즉 '특유의 기능'과 관련되어 있는 말이다. 이를테면 '좋은 눈'이라 말할 때, 이는 눈의 기능과 관련해서 하는 말이다. 그리고 모든 인위적인 산물도 그것들의 유용성 및 기능과 관련된 '훌륭한 상태'를 전제로 하여 만들어지고 있다. '좋은 칼'이라든가 '좋은 낫'이라 말함은 그 때문이다. 이런 '훌륭한 상태'(훌륭함)를 aretē라 한다. 그러나 소피스테스들에게 그것은 현실적인 일에서 능함을 의미했다.

를 만하지 않은가?

테아이테토스 물론입니다.

손 님 그러면 이 부류를 어떤 이름으로 불러야 할지 말해보게나.

테아이테토스 그야 분명하죠. 제가 보기에 우리는 소피스테스를 발견했으니까요. 그래서 이렇게 말함으로써 저는 그를 적절한 이름으로 부른 것 같군요.

b 손 님 지금의 논의에 따라 테아이테토스, '제 것으로 하는 기술' (장악술, 획득술) 가운데 사냥술, 그것 가운데 동물사냥, 그것 가운데 '맨땅에 사는 것의 사냥' (발짐승사냥), 그것 가운데 인간사냥(길들인 동물사냥술), 그것 가운데 개인사냥(설득에 의한 사냥), 그것 가운데 '보수를 현금으로 받는 기술' (nomismatopōlikē), 그것 가운데 '〔지식이 아닌〕 의견을 교육하는 기술' (doxopaideutikē), 그것 가운데 부유하고 명문 출신인 젊은이들의 사냥으로 이루어진 것을 현재 우리 논의의 결론으로서 소피스테스술(sophistikē)이라고 불러야만 할 걸세.

테아이테토스 전적으로 그렇습니다.

c 손 님 그러나 더 나아가 이렇게도 보도록 하세. 왜냐하면 지금 우리가 찾고 있는 대상은 하찮은 기술보다는 매우 다채로운(poikilē) 기술에 관여하는 어떤 부류이기 때문이지. 그러니까 앞의 언급들에서도 그건 우리가 지금 그것이라고 말한 이게 아니라 다른 어떤 부류인 것

같은 인상(phantasma)[29]을 주니까 말이야.

테아이테토스 어떻게요?

손 님 획득술에도 두 종류가 있었는데, 하나는 사냥하는 부분을 지닌 것이었지만 다른 하나는 교환하는 부분(allaktikon)[30]이었네.

테아이테토스 그랬죠.

손 님 이제 교환술에도 실은 두 부류가 있다고 하세. 하나는 '선물에 의한 것' 이겠지만, 다른 하나는 '매매와 관련된 것' (agorastikon)[31]일 테지?

테아이테토스 그렇다고 치죠.

손 님 게다가 우리는 매매술도 둘로 나뉜다고 말할 걸세.

d 테아이테토스 어떻게요?

손 님 자기 상품을 '몸소 파는 기술' (직매술, autopōlikē)과 남의 상품을 교환하는 '교역(환)술' (metablētikē)로

---

29) phainesthai라는 동사의 의미를 살려 옮겼다. 따라서 '그렇게 보인 모습', 즉 닮아보인 모습을 뜻한다.

30) allaktikon은 219d5에서 'metabletikon' 으로 불렸다. 그러나 그때 그것은 사냥술이 아니라 장악술과 대비적으로 쓰였다.

31) agorastikon은 agora에서 온 말이다. 'agora' 는 원래 민중의 '집회' 자체를 의미하지만 민중의 '집회장소' 또는 '시장' 을 의미하기도 해서, 농사 등을 제외한 일체 시민생활이나 활동은 이를 중심으로 이루어진다. 그래서 아고라와 관련성을 갖는 동사로, 시장에서 물건을 사거나 아고라에서 어슬렁거린다는 뜻의 agorazō가 있다(박종현 옮김, 앞의 책, 151쪽, 371b 주석 참조). 그 때문에 agorastikon은 '매매에 의한 것' 이란 뜻을 갖는다.

나뉘네.

테아이테토스 그렇고말고요.

손 님 한데 다음은 어떤가? 교역술 가운데 그 기술의 거의 절반인 나라 안에서의 교환은 소매술(kapēlikē)로 불리지 않는가?

테아이테토스 그렇습니다.

손 님 반면 한 나라에서 다른 나라로 오가면서 사고 팖에 의해 교환하는 부분은 도매술(무역, empolikē)이겠지?

테아이테토스 물론입니다.

e 손 님 그런데 도매술 가운데 하나는 몸이 그것들에 의해 지탱되고 그것들을 사용하는 것들이면 무엇이건 돈을 받고 팖으로써 교환하는 것이지만, 다른 하나는 혼(마음, psychē)[32]이 그것들에 의해 지탱되고 그것들을 사용하는 것들이면 무엇이건 돈을 받고 팖으로써 교환하는 것이라는 사실을 우리는 알지 못 했는가?

테아이테토스 무슨 뜻으로 그렇게 말씀하십니까?

손 님 비록 다른 부분이야 알고 있다 해도, 아마 우리는 혼과 관련된 부분은 잘 모를 걸세.

---

32) 219e의 주석에서도 언급했듯이 psychē는 본래 숨, 목숨을 의미했다. 따라서 비단 인간만이 아니라 모든 생물은 psychē를 지니고 있다. 그런데 헬라스인들은 인간의 혼에서 인간을 인간답게 하는 인간 특유의 기능을 발견했는데, 소크라테스는 이것을 '이성'(logos)으로, 플라톤은 '지성'(nous)으로 말했다. 우리의 혼 안에 있는 이런 측면이야말로 인간을 단순한 생물이 아닌 인간이게 하는 것이다.

테아이테토스 그야 그렇죠.

224a 손 님 그러니까 우리는 그때마다 한 나라에서 다른 나라로 가져가 팔아서 이득을 보는 모든 시가(mousikē)[33]와 회화술과 요술, 그리고 위안을 위해서만이 아니라 진지한 목적을 위해 운반되어 팔리는 혼과 관련된 많은 다른 것들이 있다고 하세. 〔이것들을〕 운반해가서 파는 사람도 먹을것과 마실것을 파는 것 못지않게 의당 도매상으로 부르도록 하세나.

테아이테토스 지당하신 말씀입니다.

b 손 님 그러니 자네는 배움(지식, mathēma)을 사서 나라에서 나라로 다니며 〔그걸〕 현금으로 교환하는 자도 같은 이름으로 부르지 않을까?

테아이테토스 그렇고말고요.

손 님 바로 이 '혼과 관련된 것들을 취급하는 도매술' (psychemporikē) 가운데 한부분은 '뽐내면서 선보이는 기술' (epideiktikē)로 불려 마땅하겠지만, 다른 한부분은 앞엣것 못지않게 우스운 것이긴 해도 지식

---

33) mousikē를 '음악' 이라 옮기지 않고 '시가' 라고 옮긴 까닭은 시(詩)가 노래의 형태로 음송되던 헬라스 문화의 특성을 생각해서이다(박종현 옮김, 앞의 책, 70쪽, 333d 주석 참조). 이 말은 Mousa가 관장하는 기예(技藝 : technē)라는 뜻이다. 시인들은 시적 영감을 얻어 시를 짓게 되는 것을 Mousa 덕분으로 여긴다. Mousa는 아홉 자매여서 흔히 복수형태(Mousai)로 불리는데, 이들은 제우스와 Mnēmosynē 사이에서 태어난 딸들이다. 시가와 춤 그리고 철학이나 천문학 등 모든 지적 탐구도 이들의 소관사이다.

들을 파는 것이므로 그 일과 일종의 형제관계에 있는 이름으로 불려야 하지 않을까?

테아이테토스 물론입니다.

손　님 그래서 이제 우리들은 이 '배움(지식)을 파는 기술' (mathēmatopōlikē) 중에서 그 밖의 다른 기술들의
c 배움과 관련된 부분 및 훌륭함(덕, aretē)의 배움과 관련된 부분을 각기 다른 하나의 이름으로 불러야만 하네.

테아이테토스 그야 물론이죠.

손　님 실로 다른 것들과 관련된 부분은 '기술을 파는 부류' (technopōlikon)란 이름이 어울릴 테지만, 자네는 뒤엣것과 관련된 것을 열의를 가지고 이름붙여 보도록 하게.

테아이테토스 그리고 만일 누군가가 바로 지금 우리가 찾고 있는 것을 소피스테스라는 부류(sophistikon genos) 이외의 다른 이름으로 부른다면, 어찌 그가 엉뚱한 말을 하는 것이 아니겠습니까?

손　님 다른 이름이야 없지. 자, 이제 이를 다음과 같이 모아서 말하도록 하세. 즉 획득술 가운데 교역(환)술, 그것 가운데 매매술, 그것 가운데 도매술, 그것 가운데
d '혼과 관련된 것을 취급하는 도매술' 중 훌륭함에 대한 말 및 배움과 관련해서 파는 부분이 두번째로 소피스테스술로 드러났네.

테아이테토스 확실히 그렇습니다.

손　　님　그런데 세번째로 내가 보기에, 만일 누군가가 여기 나라 안에 머무르면서 한편으론 바로 이것들과 관련된 배움들을 사지만, 다른 한편으론 그것들을 몸소 고안해서 팖으로써 이로부터 생계를 유지하려 했다면, 자네는 그를 다름 아닌 방금 우리가 붙였던 이름으로 불렀을 걸세.

테아이테토스　그야 물론이죠.

e 손　　님　그러니까 또한 획득술 가운데 교환하는 부분, 그것 가운데 매매하는 부분, 그것 가운데 소매하는 부분이건 자기 것을 몸소 파는 부분이건, 둘 다이건, 그와 같은 것들과 관련해서 배움을 파는 부류이면 모두 자네는 언제나 소피스테스라는 부류로 부를 것 같네.

테아이테토스　그럴 수밖에 없죠. 왜냐하면 논의를 충실히 좇아가야만 하니까요.

손　　님　더 나아가 우리는 그러니까 지금 우리가 추적하고 있는 부류가 다음의 어떤 것과 닮아보이는지 살펴보도록 하세.

225a 테아이테토스　대체 무엇입니까?

손　　님　획득술의 한부분은 우리에게 있어서 경합술이었네.

테아이테토스　물론 그랬었죠.

손　　님　그래서 이제 이걸 둘로 나누는 것도 무방할 걸세.

테아이테토스　어떻게 나눌지 말씀이나 해주세요.

손　　님　우리는 그것 가운데 한부분은 '경기와 관련된 것'으로 놓되, 다른 부분은 '싸움(다툼)과 관련된 것'으로 놓네.

테아이테토스 좋습니다.

손 님 그래서 우리는 싸움술 가운데서도 신체들과 신체들 사이에서 일어나는 부분에 대해서는 이를테면 '폭력적인 것' (biastikon)과 같은 어떤 이름으로 부르는 게 대개 그럴듯하고 어울린다고 보네.

테아이테토스 그렇습니다.

손 님 그러나 테아이테토스, 말(주장)들과 말들 사이에서 벌어지는 부분에 대해서 누가 '논쟁적인 것' (말다툼,
b amphisbētētikon)말고 다른 어떤 이름으로 부르겠는가?[34]

테아이테토스 다른 이름은 없습니다.

손 님 그런데 말다툼들과 관련된 것도 둘로 놓아야만 하네.

테아이테토스 어떻게요?

손 님 그것이 올바른 것들 및 올바르지 않은 것들과 관련해 공적으로 상대방의 긴 말(주장)에 대해서 긴 말에 의해서 생기는 한, 우리들은 그것을 '변론에 능한 것' (dikanikon)으로 놓네.

테아이테토스 그야 그렇죠.

손 님 반면 개인들 사이에서 질문과 대답으로 세분된 것을 우리는 '반박(반론)적인 것' (antilogikon)말고 다른

34) 싸움술이 신체들 사이에서 일어나는 것과 긴 말들 사이에서 생겨나는 것으로 나뉘었는데(225a8~b2), 흥미로운 것은 '신체' 가 '혼' 과 대비되지 않고 '말' 과 대비되었다는 점이다.

어떤 것으로 불러왔는가?

테아이테토스 다른 것은 없습니다.

손 님 그런데 반박술 가운데 계약과 관련해서 논쟁을 벌이
c 지만 그것에 관해 되는 대로 익숙하지 못하게 행하는 것이면 무엇이든 이것을 우리는 논의가 다른 것으로 인정했기 때문에 하나의 종류로 놓아야만 하네. 하지만, 그것은 이전 사람들에 의해서도 명칭을 얻지 못했으며 지금 우리에 의해서도 그걸 얻을 법하지 않네.

테아이테토스 그렇습니다. 그것은 매우 작은 부분들로, 그리고 여러 종류로 나눠지니까요.

손 님 그러나 대개 올바른 것들과 올바르지 않은 것들 자체와 관련해서도, 그리고 그 밖의 다른 것들과 관련해서도 익숙하게 논쟁을 벌이는 부분을 우리는 또한 '논쟁적인 것' (eristikon)[35]으로 불러오지 않았는가?

테아이테토스 물론입니다.

d 손 님 이제 논쟁술 가운데 하나는 '돈 낭비를 하는 것' 이지

35) 소피스테스들에게 있어 '논쟁술' 은 약한 주장(doxa)을 강한 주장으로 만들고 남의 주장을 자신의 주장으로 대체하는 방법으로 소크라테스의 '논박' (elenchos)과는 구별된다. 논박은 감각에서 얻은 주관적 의견(판단, doxa)을 폐기케 하는 문답법(dialektikē)의 한 절차이다. 그것은 감각에 바탕을 둔 의견을 폐기한다는 점에서 일종의 '순수화' (katharsis)이다. 그리고 나서 문답법은 일체의 감각을 사용하지 않고 이성(logos)에 의해서 논의를 통해 알고자 하는 것의 보편적 규정에 이르게 한다. 이것이 문답법의 또 다른 절차인 '산파술' (maieutikē)이다.

만, 다른 하나는 '돈벌이를 하는 것' 이네.

테아이테토스 전적으로 그렇습니다.

손 님 그것들 각각을 무어라 불러야 할지 그 이름을 말하도록 하세.

테아이테토스 그래야죠.

손 님 그런데 이것들에 종사하는 즐거움으로 해서 자신의 일들은 게을리하게 되지만, 말투와 관련해서 많은 듣는 이들에게 즐겁지 않게 들리는 것은 내가 알기로는 '수다' (adoleschikon)말고 다른 이름으로 불리지 않을 테지.

테아이테토스 그렇다고들 하니까요.

e 손 님 그러면 이것과는 반대로 개인을 상대로 한 논쟁에서 돈을 버는 사람을 이제 자네 편에서 말해보게.

테아이테토스 이제 네번째로 실수하지 않고서야 누구든 도대체 우리가 찾고 있는 저 놀라운 부류인 소피스테스가 또한 다시금 나타났다는 것말고 달리 〔어떻게〕 말할 수 있겠습니까?

226a 손 님 다름 아니라 논쟁술(eristikē technē)에서 차례로 반박술에, 말다툼에, 싸움술에, 경합술에, 획득술에 속하는 '돈벌이를 하는 부류' 가 지금 우리 논의에서 밝혔듯 소피스테스인 게로군.

테아이테토스 전적으로 그렇습니다.

손 님 그러면 자네는 제대로 언급되었듯 이 짐승이 다채로워서 이른바 한 손으로는 포착할 수 없는 부류라는 사실을 아는가?

테아이테토스 그렇다면 두 손으로 해야죠.

b 손 님 그렇지. 우리는 힘닿는 한 다음과 같은 방식으로 그것의 흔적(ichnē)을 추적함으로써 그렇게 해야만 하네. 그러니 우리가 집안일(家事)과 관련된 이름들을 몇 가지로 부르는지 내게 말해주게나.

테아이테토스 그야 여럿이죠. 그러나 여럿들 가운데 어떤 것들을 두고 묻는 말씀이십니까?

손 님 우리는 이를테면 '체질하다', '거르다', '까부르다' 그리고 '분리(구별)하다' 와 같은 것들을 말하네.

테아이테토스 좋습니다.

손 님 이런 것들에 더해서 '빗다', '잣다', '짜다', 그리고 기술들 안에 있는 그와 같은 다른 수많은 것들을 우리는 또한 알고 있네. 그렇지 않은가?

c 테아이테토스 선생님께선 이것들을 예로 듦으로써 그것들에 관해 무엇을 밝히기를 바라고, 이 모두와 관련해서 묻고 계십니까?

손 님 언급된 것 모두는 아마 '가려내는 것들' (dairetika)로 불릴 걸세.

테아이테토스 그건 그렇죠.

손 님 그러면 이제 이것들과 관련된 모든 것 안에 하나의 기술이 있다는 내 말에 따르면, 우리는 그 기술도 하나의 이름을 가질 만하다고 할 걸세.

테아이테토스 우린 그걸 무어라 불러야 할까요?

손　　님　'분리기술'(diakritikē)이네.[36]

테아이테토스　그렇다고 하죠.

손　　님　이제 우리가 이 기술의 두 종류를 포착할(katidein)[37] 수 있는지 보세.

테아이테토스　제가 보기에 선생님께선 제게 빠른 생각을 하도록 당부하시는군요.

d　손　　님　그런데 적어도 아까 언급한 분리들 가운데 하나는 더 나은 것에서 더 못한 것을 분리하는 것이지만, 다른 것은 닮은 것에서 닮은 것을 분리하는 것이었네.

테아이테토스　방금 말씀하신 대로 대충 그런 것 같습니다.

손　　님　나는 뒤엣것에 관해 불리는 이름은 알지 못하지만, 더 나은 것은 내버려두되 더 못한 것은 버리는 분리에 관한 이름은 알고 있네.

테아이테토스　그게 무엇인지 말씀해주세요.

손　　님　그와 같은 모든 분리(diakrisis)는, 내가 알기로는 모두한테서 일종의 순수화(katharmos)[38]로 불리네.

---

36) 226b5~c9에서 예들을 통해 나뉠 대상을 모아서 보는 절차가 처음으로 보인다.

37) katidein은 'idein', 'kathoran' 등과 함께 플라톤에게 있어 형상의 직관을 나타내는 말이다. 이 말들은 본래 '본다'는 의미를 담고 있어서, 직관된 형상이나 이데아도 '보임새'의 의미를 갖고 있다.

38) 플라톤에게 있어서 순수화는 감각에만 찌든 우리 마음을 감각에서 벗어나게 하는 작업으로, 그것을 통해 오관 이외의 능력을 찾아내게 한다. 그 능력은 '지성'(nous)이고, 그 능력에 의해 보게 되는 것들은 '지성에 의해서 알 수 있는 것들'(ta noēta)이다.

테아이테토스 그렇습니다.

e 손 님 그렇다면 누구든 '순수화하는 것' (kathartikon)도 두
종류라는 것을 알겠지?

테아이테토스 예, 아마 여가가 있다면요. 그러나 실은 저는 아직 알지 못합니다.

손 님 그런데 순수화들 가운데 신체들과 관련된 많은 종류들을 하나의 이름으로 포괄하는 것이 적절하네.

테아이테토스 어떤 것들을 무슨 이름으로요?

손 님 살아 있는 것들에 속하는 것들로는 신체들 안에서 체
227a 육과 의술에 의해 제대로 분리되어 순수화되는 것들
과, 말하자면 신체 밖의 것들과 관련해 목욕술이 해내
는 하찮은 것들도 있네. 그리고 축융술(縮絨術)과 모
든 치장술이 돌보는 살아 있지 않은 물체들에도 세분
해보면 많은 우스워보이는 이름들을 가진 것들이 속
하네.

테아이테토스 그야 물론이지요.

손 님 그렇고말고, 테아이테토스. 하지만 논의의 추구(방법, hē tōn logōn methodos)는 '닦아내는 기술' 이나 '약 마심' 어느 쪽에 더도 덜도 개의치 않네. 설사 순수화함으로써 앞엣것은 적게, 뒤엣것은 크게 우리들을 이롭게 하더라도 말일세. 왜냐하면 그 추구는 통찰
b 하기 위해서 모든 기술들 가운데 동류(同類)의 것
(syngenes)과 그렇지 않은 것을 분간하려 하면서 이
와 관련해 모든 기술들을 동등하게 존중하거니와, 유

사함에서 한편의 것들을 다른편의 것들보다 더 우습게 보지도 않기 때문이네. 그런가 하면 사냥술을 밝히기 위해 '이잡이술'을 예로 드는 사람보다 '지휘술'을 예로 드는 사람을 더 귀하다고 보기보다는 대개 한층 더 과장되다고 생각하기 때문이네. 더욱이 이제 살아 있건 살아 있지 않건 육체를 순수화하게 되어 있는 모
c 든 능력들을 어떤 이름으로 불러야 하는가에 관해 자네가 물었던 것을 어떻게 말하면 가장 적합한가 하는 것은, 이 추구에서는 그러므로 전혀 문제가 되지 않네. 그것은 다만 그 밖의 어떤 것을 순수화하는 것들을 전부 모아 혼을 순수화하는 것들과 구별한다고 하세. 왜냐하면 만일 우리가 그것이 의도하는 것을 이해하고 있다면, 그것은 방금 사고와 관련된 순수화를 그 밖의 다른 것들에서 분리하려 했기 때문이네.

테아이테토스 그야 이해했죠. 그리고 저는 순수화에 두 종류가 있다는 것도 인정합니다. 그 가운데 하나는 혼과 관련된 부류로서, 신체와 관련된 것과는 구별되는 것이죠.

손 님 훌륭하이. 그럼 이후로도 내 말에 귀를 기울이면서 방
d 금 언급된 것을 다시 둘로 나누도록 하게.

테아이테토스 선생님께서 이끄시는 대로 저는 선생님과 함께 나누도록 할 겁니다.

손 님 우리는 못됨(나쁜 상태, ponēria)을 혼 안의 훌륭함(훌륭한 상태, aretē)과는 다른 것이라고 할 테지?

테아이테토스 물론이죠.

손　님　그런데 실로 순수화야말로 하찮은 것이면 무엇이든 버리되, 〔그와〕 다른 것은 남겨두는 것이네.

테아이테토스　그랬죠.

손　님　그러니까 혼에서도 우리가 나쁨(나쁜 상태, 악덕, kakia)[39]의 어떤 제거를 발견하는 한, 그걸 순수화로 부른다면 우리는 제대로 말한 걸세.

테아이테토스　그렇고말고요.

손　님　혼과 관련해서도 나쁨의 두 종류가 있다고 하여야만 하네.

테아이테토스　어떤 것인데요?

228a 손　님　하나는 이를테면 몸 안에서 생겨나는 질병(nosos)과 같은 것이지만, 또 다른 하나는 이를테면 불구(aischos)[40]와 같은 것일세.

테아이테토스　모르겠습니다.

손　님　아마도 자네는 질병과 불화(stasis)[41]를 같은 것으로 보지 않았겠지?

테아이테토스　이에 대해서도 저는 무어라 대답해야 할지 모르겠습니다.

손　님　자네는 불화를 본성상 동류의 것인 일종의 파괴에서

---

39) kakia는 훌륭함(훌륭한 상태, aretē)과 반대되는 상태를 뜻한다.

40) aischos는 신체와 관련해서는 '불구'지만 혼과 관련해서는 '추함'을 뜻한다.

41) stasis는 하나의 구성체를 이루는 요소들의 상호대립, 즉 불화나 반목, 그리고 그 결과인 내분이나 내란을 의미한다.

생긴 분열말고 다른 어떤 것으로 보는가?

테아이테토스 전혀 다른 것이 아닙니다.

손 님 하지만 불구는 어디서나 추한 모습으로 있는 불균형(ametria)[42]의 부류말고 다른 어떤 것인가?

b 테아이테토스 결코 아닙니다.

손 님 다음은 어떤가? 우리는 천한 사람들의 혼 안에서 판단이 욕망과, 격정이 쾌락과, 이성이 고통과, 그리고 이와 같은 모든 것들이 서로서로 불화상태에 있다는 것을 알지 못했는가?

테아이테토스 그야 전적으로 그런 상태에 있지요.

손 님 그런데 사실은 이것들 모두는 동류들이었음이 틀림없네.

테아이테토스 물론입니다.

손 님 그러니까 혼 안에 있는 불화와 질병을 못됨(나쁜 상태, ponēria)이라 부른다면 우리는 제대로 말한 걸세.

테아이테토스 그야 당연하죠.

c 손 님 그런데 다음은 어떤가? 운동 중에 있으면서 어떤 목

42) ametria는 metron이 결여된 상태를 뜻한다. 'metron' 은 '척도' 를 뜻하나 그 자체가 '척도에 맞는 것', 즉 적도(to metrion)를 의미하기도 한다. 그리고 균형을 의미하는 to symmetron은 metron에 sym-이 덧붙여져 만들어진 말이다. 그것은 to metrion과도 대체로 같은 뜻을 지니나, 대칭적 관계를 나타내는 경우의 균형의 뜻을 지니고 있어서 아름다움의 원인이 된다. 이에 비해 '적도' 는 중용(metriotēs)으로서의 훌륭함이나 어떤 적도 현상들의 원인인 셈이다.

표에 이르려는 것이 저마다의 충동 때문에 이를 벗어나게 되어 놓친다면, 우리는 그게 무엇이든 그것들이 그러한 상태로 있는 것을 상호간의 균형(symmetria) 탓으로 볼 것인가, 아니면 반대로 불균형 탓으로 볼 것인가?

테아이테토스 불균형 탓이 분명합니다.

손 님 그러나 우리는 어느 혼이건 대개 그게 무지한 것은 원해서 그런 것이 아님을 아네.

테아이테토스 물론입니다.

손 님 '무지하다'(agnoein)는 것은 혼이 진리를 추구하지
d 만 이해에는 이르지 못한 경우로서, '분별을 벗어남'(paraphrosynē)말고 다른 것이 아닐세.

테아이테토스 그렇고말고요.

손 님 그래서 무지한 혼(anoētos psychē)을 우리는 불구와 불균형으로 놓아야만 하네.

테아이테토스 그런 것 같습니다.

손 님 이제 혼 안에는 좋지 못한 상태의 이와 같은 부류가 있는데, 그 가운데 하나는 많은 사람들에 의해 못됨(나쁜 상태)으로 불리는 것으로서 혼의 질병임이 분명하네.

테아이테토스 그렇습니다.

손 님 다른 하나는 사람들이 무지라고 부르는 것이지만, 혼 안에서만 생겨나기 때문에 사람들은 그걸 굳이 나쁨(나쁜 상태)으로 합의하려 하지는 않네.

e 테아이테토스 방금 선생님께서 말씀하셨을 때 제가 의아해했던 것, 즉 혼 안에 두 부류의 나쁨(나쁜 상태)이 있다는 것을 우리는 전적으로 인정해야만 하며, 비겁과 방종과 부정 따위의 모든 것을 우리 안에 있는 질병으로 여겨야 할 뿐 아니라 많은 온갖 종류의 무지의 상태도 불구로 놓아야만 하죠.

손 님 그렇다면 신체들의 경우에서 이 두 상태와 관련해 어떤 두 기술이 있겠지?

테아이테토스 그것은 어떤 것들인데요?

229a 손 님 불구와 관련해서는 체육이 있지만, 질병과 관련해서는 의술이 있네.[43)]

테아이테토스 그런 것 같네요.

손 님 그렇다면 오만무례함과 부정과 비겁과 관련해서도 본래 응징술이 있게 마련인데, 그건 모든 기술 가운데 무엇보다도 징벌(dikē)[44)]에 적합하네.

테아이테토스 그런 것 같습니다. 적어도 인간적인 판단에 따르면요.

손 님 다음은 어떤가? 모든 무지와 관련해서 누군가가 교수법(didaskalikē)말고 다른 어떤 것을 든다면 실로 그보다 정당한 것이 있을까?

테아이테토스 결코 그것말고 다른 것은 없습니다.

b 손 님 자, 이제 그러면 교수법에는 한 부류만 있다고 해야

---

43) 『고르기아스』 464b~466a 참조.

44) dikē는 본래 '관습', '정의', '올바름'을 뜻하는 말이며, '징벌'의 의미도 갖는다.

할지, 아니면 더 많이 있는데 그 중에서도 어떤 두 가지가 가장 중요하다고 해야 할지 보게.

테아이테토스 보지요.

손　님 내가 보기에 우리가 이런 식으로 보면 아마 가장 빨리 발견할 것이네.

테아이테토스 어떤 식으로요?

손　님 우리는 무지와 관련해서 그게 한가운데로(kata mesōn) 나뉜 자신의 어떤 조각을 갖는지 보네. 왜냐하면 만일 무지가 두 겹이라면 분명히 교수법도 그 부분들 하나하나에 하나씩 상응하는 두 부분을 가져야만 하기 때문이네.

테아이테토스 그렇다면 다음은 어떻습니까? 지금 찾고 있는 것이 선생님께도 분명합니까?

c 손　님 적어도 내 생각으론 무지의 다른 모든 부분과 구별되면서 그것들과 맞먹는 무지의 크고 힘든 부분을 본 것 같네.

테아이테토스 그건 대체 어떤 것입니까?

손　님 어떤 것을 알지 못하면서 안다고 생각하는 것이네. 이 때문에 아마도 우리가 생각 속에서 범하는 모든 잘못은 누구에게나 생기는 것 같네.

테아이테토스 맞습니다.

손　님 더욱이 무지의 이 부분에만 어리석음(amathia)이란 이름이 붙는 것 같네.

테아이테토스 그야 물론이죠.

손 님 그러니까 교수법 가운데 이것을 제거하는 부분에 대해서는 어떤 이름으로 불러야 할까?

d 테아이테토스 손님이시여, 제가 보기에 그 밖의 부분은 기술교육(dēmiourgikē didaskalia)[45]으로 불리지만, 이 부분은 이 고장에서 우리에 의해 교양교육(paideia)[46]으로 불립니다.

손 님 테아이테토스, 그야 대개 모든 헬라스인들 사이에서 그렇게 불리지. 그러나 더 나아가서 우리로서는 이것도, 그러니까 그것이 '더 이상 쪼갤 수 없는 전체'

---

45) 이 말은 dēmiourgia와 관련된 교육을 뜻한다. 'dēmiourgia'는 기술자, 즉 장인의 제작행위이다. 따라서 dēmiourgikē didaskalia는 장인의 제작행위와 관련된 교육으로서, '기술교육'으로 옮길 수 있다.

46) paideia는 'pais'와 연관된 말로서, 어린아이(pais)의 정신적인 미성숙 상태를 성숙상태로 형성하는 것을 뜻한다. 이를테면 독일어의 Bildung에 상응하는데, Bildung은 정신적인 도야를 뜻하는 교양형성을 의미한다. 그런데 정신적인 미성숙아에 관여하는 paideia는 엄격성과 재미를 동시에 갖고 있어야 한다. 교육에서 '엄격성'을 뜻하는 헬라스어는 spoudē이며 '재미'를 뜻하는 말은 paidia이다. 특히 뒤엣것은 paideia와 마찬가지로 'pais'와 관련되어 있는데, 본래 어린아이들은 장난이나 노는 것을 무엇보다 좋아한다. 따라서 어린아이들의 교양형성과 관련된 교육에서 paidia는 필수적이다. 그런 의미에서 paideia는 paidia이다. 플라톤의 대화편들에서도 대화가 어떤 계몽을 위해 이루어질 경우 거기에 필수적으로 paidia가 끼여들게 마련이다. 이를테면 『정치가』에서 정치가의 참모습을 파악하려는 진지하고 엄격한 논의 중에 지루함을 덜기 위해 논의의 목적에 기여하는 재미(놀이)로서 신화(mythos)가 끼여들어 있다.

(atomon pan)[47]인지 아니면 이름을 가질 만한 어떤 나눔을 허용하는 것인지도 고찰해야 하네.

테아이테토스　그야 고찰해야 하죠.

손　님　내가 보기에 이것도 어떤 식으로든 나뉠 것 같네.

테아이테토스　어떤 점에서요?

e 손　님　말을 통한 교수법 가운데 하나는 한층 거친 길이지만, 그것의 다른 부분은 한층 부드러운 것일 테지.

테아이테토스　우리는 이것들 각각을 어떤 뜻으로 말하는 것인가요?

손　님　하나는 오래 된 조상대대로의 방법으로서, 사람들은 무엇보다도 자식들에게 그걸 사용했으며, 지금도 많은 사람들은 이들에게 어떤 잘못이 있을 경우 어느 때
230a 는 엄하게 대하지만 어느 때는 한결 부드럽게 타이름으로써 사용하고 있는 것이네. 그런데 누군가가 이를 통틀어 훈계법(nouthetētikē)이라고 한다면, 이는 지당한 말일세.

테아이테토스　그렇습니다.

손　님　그러나 다른 한편 모든 무지는 자발적인 것이 아니며 스스로 지혜롭다고 여기는 사람은, 그것들에 관해 자신이 유능하다고 생각하는 것들이면 무엇이든 결코

---

47) atomon pan은 나눔(diairesis)의 과정을 통해 도달하게 되는 '더 이상 나눌 수 없는 최하 종'을 뜻한다. 이때 최하 종이 불가분적이라는 의미는 그 단계에서 나눔의 과정이 더 이상 수행될 수 없다는 것이다. 그러나 이것은 불가분적인 종이 단순하며 분석적이지 않다고 말하는 것은 아니다. 만일 그렇다면 그것은 정의될 수 없기 때문이다.

배우려 하지 않는다고 자기 자신에 대해 주장하는 사람들은 교양교육 가운데 훈계하는 부류가 많은 노고에도 불구하고 성과가 적다고 여기는 것 같네.[48)]

테아이테토스 그들이 그렇게 믿는 것은 당연합니다.

b 손 님 그래서 이런 생각을 제거하기 위해서 그들은 다른 방법으로 착수하네.

테아이테토스 대체 어떤 방법으로요?

손 님 사람들은 누군가가 그것들에 관해 아무것도 말하는 것이 없으면서 무언가를 말한다고 생각한다면 그것들에 관해 캐물을 거네. 그러니까 질문을 받은 그들로서는 당황하게 되기 때문에, 사람들은 그들의 의견들을 쉽게 캐내 논의에 의해 그것들을 한곳으로 모아 서로서로 나란히 놓으며, 그렇게 놓은 다음 그들은 그 의견들이 동시에 동일한 것들에 관해(peri tōn autōn) 동일한 것들과 관련해서(pros ta auta) 동일한 점에서 대립해 있다는 것을 보여주네. 그러나 그들이 이를 알게 되면 그들 자신에 대해서는 화를 내지만 상대방에 대해서는 부드럽
c 게 대하며, 이런 식으로 자신들에 관한 크고 완고한 의견들로부터 벗어나고 이 모든 것들에서 벗어나게 되면 듣기에 가장 즐거운 것도 이를 당하는 이에게는 가장 확고한 것으로 되네. 여보게, 그 까닭은 이러하네. 즉 이들을 순수화시키는 사람들은 마치 신체에 관계하는 의사

48)『향연』 204a 참조.

들이 누구든 몸 안에 있는 장애물을 제거하기 전까지는
신체가 흡수된 양분으로부터 이롭게 될 수 없다고 생각
하는 것처럼, 혼과 관련해서도 마찬가지로 누군가가 논
d 박함으로써 논박된 자를 부끄러운 상태에 처하게 해서
배움에 장애가 되는 의견들을 제거함으로써 그를 순수
화시켜 그가 아는 것만을 알고 그 이상은 알지 못한다고
생각하게 하기 전까지는 전달된 배움들에서도 이득을
얻지 못할 것이라고 여기네.

테아이테토스 그것이야말로 혼의 상태들 가운데 가장 훌륭하고 가장 지혜로운 것입니다.

손 님 테아이테토스, 이러한 모든 까닭으로 우리는 논박
(elenchos)이 순수화들 가운데 가장 크고 가장 주된
것이라고 해야 하며,[49] 논박되지 않은 자 또한 설사 그
e 가 황제(basileus ho megas)[50]라 할지라도 가장 큰
것들에서 순수화되어 있지 않다면, 참으로 '장차 행복
하게 될 사람'에게는 가장 순수하고 가장 훌륭한 것이
어울린다는 바로 그 점 때문에 교양도 없으며 불구라
고 생각해야만 하네.

49) 소크라테스에게 있어 논박은 감각에서 비롯한 의견을 폐기케 하는 문답법의 한 절차이다. 여기서는 특히 그게 순수화들 가운데서도 가장 중대한 것으로 언급되고 있는데, 이는 진정한 인식과 관련해서 일체의 감각을 사용하지 않을 것에 대한 강조일 수도 있겠다.

50) 황제로 옮긴 basileus ho megas는 직역하면 '대왕'인데, 여기서는 페르시아의 왕을 뜻한다.

테아이테토스 그렇고말고요.

손 님 그런데 다음은 어떤가? 이런 기술을 사용하는 자들을
231a 무어라 불러야 할까? 나는 그들을 소피스테스라고 부르기가 두렵거든.

테아이테토스 어째서죠?

손 님 그들에게 큰 명예(과분한 칭호)를 부여하지나 않을까 해서지.

테아이테토스 그러나 방금 언급된 것들은 그와 같은 부류와 닮은 것 같습니다.

손 님 그야 늑대는 개와, 가장 야생적인 것은 가장 길들여진 것과 닮아보이니까. 그러나 신중한 사람은 무엇보다도 특히 유사성과 관련해 언제나 경계해야만 하네. 그 부류는 붙들기가 가장 힘들기 때문이지. 그러나 어쨌든 그렇다고 하세. 왜냐하면 내가 보기에 그들이 충분
b 히 경계할 때는 언제나 사소한 정의(horos)들과 관련해 이의가 일지 않을 테니까 말일세.

테아이테토스 그런 것 같습니다.

손 님 이제 분리기술에는 순수화기술이 있고 순수화기술에서 혼과 관련된 부분이 나뉘는데, 이 부분에는 교수법이, 교수법에는 교양교육이 있다고 하세. 그런데 교양교육 가운데 '헛된 지혜로워 보임'[51]과 관련한 논박이 지금 우리의 논의에 나타난 바에 따르면 다름 아닌 혈

51) '공연히 지혜로운 체함' 으로도 옮길 수 있다.

통상 고상한 소피스테스술이라 하세.

테아이테토스　그렇다고 하죠. 그러나 지금 그 부류가 여러 모습으로
c 나타났으므로, 진실을 말해서 확언하자면 저로서는 대체 참으로 소피스테스가 무엇이라고 해야 할지 당혹스럽습니다.

손　님　자네가 당혹해할 법하네. 하지만 그 부류도 지금쯤 이 논의에서 도대체 어떻게 빠져나가야 할까 몹시 당혹해하리라고 생각해야만 하네. 붙잡음을 모조리 피하기란 쉬운 일이 아니라는 속담은 옳으니까. 그러니까 지금이야말로 무엇보다도 그 부류를 공격하여야만 하네.

테아이테토스　옳은 말씀입니다.

손　님　우선 멈춰서서 한숨돌리기로 하세, 그리고 쉬는 동안
d 우리끼리 소피스테스가 얼마나 많은 모습으로 우리에게 나타났는지 헤아려보세. 내가 보기에 그 부류는 첫째로 부유한 젊은이들을 '보수를 위해 사냥하는 자'(emmisthos thēreutēs)로서 발견되었던 것 같네.

테아이테토스　그렇습니다.

손　님　그리고 둘째로 그 부류는 혼의 배움(지식)들과 관련한 일종의 도매상이기도 하네.

테아이테토스　물론이죠.

손　님　그러나 셋째로 바로 이것들과 관련한 소매상으로도 밝혀지지 않았는가?

테아이테토스　그렇습니다. 그리고 넷째로 그 부류는 우리에게 배움

(지식)들을 몸소 파는 자였습니다.

손　님　자네는 옳게 기억했네. 그러나 나는 다섯번째 것을 기
e 억해내려 할 걸세. 그는 논의와 관련한 경합술의 선수
로 논쟁술을 자신의 것인 양 하는 자였네.

테아이테토스　그랬죠.

손　님　여섯번째 것은 확실히 논란이 되는 것이지만, 어쨌든 우리는 그에 대해 합의를 봄으로써 그가 혼과 관련해 배움(지식)에서 방해가 되는 의견들을 '순수화하는 자'(kathartēs)라고 놓았네.

테아이테토스　그렇고말고요.

232a 손　님　그러니까 자네는 많은 앎을 지닌 것처럼 보이는 어떤
이가 하나의 기술의 이름으로만 불린다면 이 '모습'
(phantasma)은 신뢰할 만한 것이 못 된다는 것을, 하
지만 어떤 기술과 관련해서 그런 인상을 주는 이는 이
모든 앎(배움)들이 바라보는 그것과 관련된 저걸 포착
할 수 없으며, 그래서 또한 그것들을 지닌 자를 하나
대신 많은 이름으로 부르기도 한다는 것을 아는가?

테아이테토스　주로 이렇게 해서 이런 사정이 생긴 것 같군요.

b 손　님　그래서 이제 우리는 탐구에서 태만으로 인해 그와 같
은 것을 겪지 않도록 하세. 하지만 먼저 소피스테스에
관한 언급들 가운데 하나를 취하세나. 왜냐하면 내가
보기에 무엇보다도 그 부류를 분명히 드러내는 하나
의 것이 있었기 때문이네.

테아이테토스　그것은 어떤 것이었는데요?

손 님 우리는 확실히 그를 '반박(반론)에 능한 이'라 했네.

테아이테토스 그랬죠.

손 님 다음은 어떤가? 그는 다른 이들에 대해서도 바로 이것의 교사가 되지 않겠는가?

테아이테토스 그야 물론이죠.

손 님 그러면 이제 무엇과 관련해서 그와 같은 사람들이 〔다른 이들도〕 반박에 능하게 하는지를 살펴보도록 하세. 한데 우리의 탐구는 원래 이런 식이라고 하세. 자, '많은 사람들의 눈에 보이지 않는 신적인 것들'[52]과 관련해서 그들은 〔다른 이들도〕 이걸 능히 할 수 있는 이들로 만드는가?

c

테아이테토스 어쨌든 그들에 관해서 그렇게 이야기되죠.

손 님 그러나 '땅과 하늘 및 그런 것들에 있는 눈으로 볼 수 있는 모든 것들'에 관해서는 어떤가?

테아이테토스 그것들에 관해서도 물론이죠.

손 님 그러나 적어도 사적인 모임에서 '생성'(genesis)과 '존재'(본질, ousia)[53]에 관해 일반적인 어떤 언급이

---

52) 이것들은 플라톤의 체계에서 형상들을 의미한다. 그리고 그것들은 232c 4~5에 언급된 우주의 가시적인 부분들과 대비된다. 또한 232c8의 '생성'과 '존재'는 지성의 영역과 감각의 영역을 암시한다.

53) ousia는 genesis와 대조되는 말이다. 사물들은 끊임없이 생성소멸한다. 반면 이데아들의 본성은 '언제나 똑같은 방식으로 한결같은 상태로 있는 것' 즉 실재성(ousia, 본질)이다. 그래서 이데아 내지 형상을 ousia로 말할 때 그건 무엇보다도 '실재성을 지닌 것'을 가리킨다.

있을 때마다, 우리는 그들 스스로가 반론을 펴는 데 능하거니와 다른 사람들도 자신들처럼 이에 능한 이들로 만든다는 것을 알고 있네.

테아이테토스 전적으로 그렇습니다.

d 손 님 그런데 또한 법률 및 모든 국사(國事)에 관해서는 어떤가? 그러니까 그들은 이것들과 관련해서 사람들을 논쟁에 능하게 만들어준다고 약속하지 않았는가?

테아이테토스 말하자면 그들이 이런 약속을 하지 않았다면, 어느 누구도 그들과 대화하려 들지 않을 테니까요.

손 님 적어도 모든 기술과 관련해서, 그리고 하나하나의 기술에서 각각의 전문가를 상대로 반론을 펴는 데 필요한 것들은 〔그것들을〕 알고자 하는 이를 위해 어쨌든 공개적으로 저술되어 출간되었네.

테아이테토스 제가 보기엔 씨름이나 그 밖의 다른 기술들에 관한 프로타고라스의 글들을 두고 하시는 말씀 같군요.[54)]

e

손 님 여보게, 다른 많은 사람들의 글들에 대해서도 하는 말일세. 그러나 반박술의 기능이야말로 대개 모든 것들과 관련해서 논쟁하기에 충분한 능력인 것 같지 않은가?

테아이테토스 그야말로 그 기술이 할 수 없는 것은 거의 남아 있지 않은 것 같습니다.

---

54) 디오게네스 라에르티오스(9, 8, 55)는 프로타고라스의 씨름에 관한 글을 언급한다. 그리고 그의 수사술에 관한 글은 『파이드로스』 267c에 언급되어 있다.

손　　님　여보게, 신에 맹세코 자네는 이게 가능하다고 보는가? 왜냐하면 아마 젊은 자네들로서는 그것에 대해서 한층 더 예리하게 보겠지만, 우리는 더 무디게 볼 테니까 말일세.

233a 테아이테토스　선생님께선 주로 무엇을, 그리고 어떤 것과 관련해서 말씀하시는 겁니까? 저는 방금 선생님께서 하신 질문을 이해하지 못해서 드리는 말씀입니다.

손　　님　어떤 사람이 모든 것을 아는 것이 가능한지에 관해서 일세.

테아이테토스　손님이시여, 그렇다면야 우리 인간의 부류는 복받은 셈이죠.

손　　님　그렇다면 어떤 사람이 자신은 아는 것이 없으면서 앎이 있는 사람을 상대로 반론을 펼 경우, 대체 그로서는 어떻게 하면 건전한 어떤 말을 할 수 있을까?

테아이테토스　결코 할 수 없습니다.

손　　님　그렇다면 도대체 소피스테스술의 능력의 '놀라운 점'(비법, to thauma)은 무엇인가?

테아이테토스　정확히 무엇에 관해서 하시는 말씀입니까?

b 손　　님　도대체 어떤 방식으로 그들은 그들 자신이 모든 것과 관련해서 무엇보다도 가장 지혜로운 자들이라고 젊은 이들에게 생각하게 할 수 있을까 하는 것이지. 왜냐하면 만일 그들이 반론을 폈어도 올바르게 하지 못했고 그들에게 그렇게 보이지도 않았다면, 또한 그렇게 보이더라도 논쟁 탓으로 오히려 슬기로운 사람들로 전

혀 생각되지 않았다면, 자네 말마따나 어느 누구도 그들에게 돈을 주면서 그들 자신의 학생이 되길 원치 않을 테니 말일세.

테아이테토스 결코 그렇지 않을 테죠.

손 님 그러나 지금 사람들은 그렇게 되길 바라겠지?

테아이테토스 그야 물론이죠.

c 손 님 내가 보기에 그들은 스스로가 자신들이 반론을 펴는 것들에 대해서 알고 있다고 생각하기 때문일세.

테아이테토스 어찌 그렇지 않겠습니까?

손 님 그런데 그들이 모든 것과 관련해서 반론을 편다는 게 우리의 주장이 아닌가?

테아이테토스 그렇습니다.

손 님 그러니까 그들은 학생들에게 모든 점에서 지혜로워보이네.

테아이테토스 그야 물론이죠.

손 님 실제로는 그렇지 않은데도 말일세. 왜냐하면 이게 불가능하다는 것은 이미 밝혀졌으니까 말이네.

테아이테토스 물론 불가능합니다.

손 님 그러므로 소피스테스는 모든 것과 관련해 어떤 '지식처럼 보이는 것' (doxastikē epistēmē)을 갖고 있을 뿐, 진리(alētheia)[55]는 갖고 있지 않은 자로 우리에게

55) alētheia는 a-(非)와 lēthē(망각)의 합성어이다. 글자 그대로 옮기면 '비망각의 상태' 로서, 즉 '진리' 란 '잊지 않은 상태' 라는 것이다. 따라서 진리인식은 우리의 인식주관이 망각상태에서 벗어나는 데서 비로소 가

밝혀졌네.

d 테아이테토스 그렇고말고요. 그리고 그들에 관해서 방금 언급된 것이야말로 가장 옳은 말씀인 것 같습니다.

손 님 그러면 이제 이들에 관한 더 분명한 예(paradeigma)를 들어보기로 하세.

테아이테토스 어떤 것인데요?

손 님 이런 것일세. 특히 주의를 기울여 내게 대답토록 하게.

테아이테토스 어떤 물음인데요?

손 님 가령 누군가가 주장이나 반론을 펴지는 못하지만 하나의 기술에 의해 모든 예를 만들고 행하게 할 수는 있다고 한다면 말일세.

e 테아이테토스 모든 것이란 무엇을 두고 하시는 말씀입니까?

손 님 자네는 우리 이야기의 출발을 대뜸 알아차리지 못하는군. 자네는 '모든 것'이 무엇을 두고 하는 말인지 모르는 것 같으니까 말일세.

테아이테토스 물론 모릅니다.

손 님 그러니까 모든 것들 가운데 자네와 나, 그리고 우리 외에 동물들과 식물들도 속한다고 하세.

테아이테토스 무슨 뜻으로 하시는 말씀입니까?

손 님 가령 누군가가 나와 자네, 그리고 그 밖의 모든 식물들을 만들 것이라고 한다면 말일세.

234a 테아이테토스 어떤 만듦을 두고 하시는 말씀입니까? 선생님께선 농

능하다. 플라톤은『국가』10권에 기술된 Er 신화를 통해 진리인식이 상기(anamnēsis)설과 연관되어 있음을 시사하고 있다.

부를 두고 말씀하시는 것은 아닐 테니까요. 하물며 선생님께선 그가 동물들을 만든 자라고까지 말씀하셨으니까요.

손 님 옳으이. 뿐만 아니라 바다와 땅과 하늘과 신들 및 그 밖의 모든 것들에 대해서도 그렇게 말하네. 더 나아가 그는 그것들 각각을 재빨리 만들어 매우 적은 돈을 받고 판다네.

테아이테토스 선생님께선 일종의 장난(paidia)을 말씀하시는군요.

손 님 그가 모든 것을 알고 있고, 그것들을 다른 이에게 적은 돈을 받고 짧은 시간에 가르칠 수 있다고 말하는 이의 기술을 우리는 장난으로 여겨서는 안 되는가?

테아이테토스 전적으로 그렇게 생각해야만 합니다.

b 손 님 그런데 자네는 장난 가운데 모방적인 것보다도 더 기술적이고 더 반기는 부류를 생각할 수 있는가?

테아이테토스 결코 생각할 수 없습니다. 왜냐하면 선생님께선 모든 것을 한 가지로 모아 매우 광범위하며 확실히 가장 다채로운 부류를 말씀하시기 때문입니다.

손 님 그렇다면 하나의 기술에 의해 모든 것을 만들게 할 수 있다고 약속하는 사람에 대해서 우리는 어쨌든 이 점을, 즉 그가 회화술에 의해 실재들과 같은 이름을 갖는 모방물들을 만들어 철없는 어린애들에게 그려진 그림들을 멀리서 보여줌으로써 자기가 하길 바라는 것이면 무엇이든 이를 실제로도 익히 해낼 수 있는 것처럼 속일 수 있다는 점을 아네.

c 테아이테토스 물론입니다.

손 님 그러나 다음은 어떤가? 그러니까 말과 관련해서도 다른 어떤 기술이 있다고 기대할 수 없을까? 그 기술에 의해서 사물들의 진상으로부터 멀리 떨어져 있는 젊은이들을, 그들에게 이른바 모든 것들과 관련된 영상들을 보여줌으로써 귀를 통해 말로써 속일 수 있으며, 그래서 그들로 하여금 진실이 언급되고 그렇게 언급한 사람이야말로 모든 것과 관련해서 무엇보다도 지혜로운 이라고 믿게끔 하는 것 말이네.

d 테아이테토스 어찌 그와 같은 다른 어떤 기술이 없을 수 있겠습니까?

손 님 테아이테토스, 그때 그런 이야기를 들은 많은 젊은이들이 그러니까 충분한 시간이 흘러서 나이를 먹게 됨에 따라 가까이에서 실재들에 마주치며 경험을 통해 분명히 존재들을 접하게 될 수밖에 없으므로 그들은 그 당시에 생긴 의견들을 바꾸며, 그래서 전에 중요하게 생각된 것들이 사소한 것으로 보이되 쉬워보이는
e 것들이 어렵게 보이며, 이야기에 나타난 모든 모습들이 모든 점에서 행위에서 나타난 기능들에 의해 대체될 수밖에 없지 않은가?

테아이테토스 제 나이에서 판단컨대 그렇습니다. 하지만 제가 보기에 저도 멀리 떨어져 있는 사람들 가운데 한 사람입니다.

손 님 그렇기 때문에 우리 모두는 자네가 되도록 경험 없이

도 실재에 가까이 가도록 힘쓸 것이며 지금도 힘쓰고 있네. 그건 그렇고, 소피스테스에 관해서 내게 다음을 말해주게나. 그가 '실재의 모방자'(mimētēs tōn
235a ontōn)인 일종의 요술쟁이라는 사실이 이미 분명해졌는가? 아니면 우리는 그가 능히 반론을 펼 수 있다고 여겨지는 모든 것들에 관해서도 실제로 지식을 지니고 있다는 데 아직도 의문을 갖고 있는가?

테아이테토스 손님이시여, 그런 의문이 어찌 있을 수 있겠습니까? 오히려 앞서 언급된 것들로부터 그가 장난에 관여하는 사람들 가운데 한 사람이라는 것이 이미 거의 분명합니다.

손 님 그러니까 우리는 그를 요술쟁이며 모방자로 놓아야만 하네.

테아이테토스 물론입니다.

손 님 자, 이제 우리의 일은 여전히 더 이상 놓치지 사냥감
b 을 않는 것일세. 왜냐하면 우리는 그를 대개 그러한 것들과 관련된 논의에서 사용되는 도구들 가운데 하나인 그물과 같은 어떤 것으로 가두었으며, 그래서 그가 더 이상 다음 사실로부터 벗어날 수 없기 때문이네.

테아이테토스 어떤 것인데요?

손 님 그가 아닌게 아니라 놀라운 일을 해보이는 요술쟁이의 부류 가운데 한 사람이라는 사실 말일세.

테아이테토스 제가 보기에도 그에 관해서 이 점은 그런 것 같습

니다.

손 님 그래서 이렇게 생각되었던 것 같네. 즉 가능한 한 빨리 영상제작술(eidōlopoiikē)을 나누고, 그 기술로 내려갔을 때 소피스테스가 당장 우리를 기다리고 있다면, 우리는 왕의 말에 의해 내려진 명령에 따라 그를 붙잡아 왕에게 넘기고 사냥감을 보여주어야 하네.
c 그러나 만일 그가 모방술(mimētikē)의 부분들 중 어딘가에 숨는다면 우리는 그가 잡힐 때까지 그를 반기는 부분을 언제나 나누어감으로써 그를 쫓아가야만 하네. 어쨌든 이 부류든 다른 어떤 부류든 하나하나에서, 그리고 전체로 나아갈 수 있는 사람들의 추적(방법, methodos)[56]에서 벗어났다고 결코 뽐내지 못할 것이네.

테아이테토스 훌륭한 말씀입니다. 이것도 이런 식으로 해야 합니다.

손 님 지금까지 해온 나눔의 방법에 따라서 나로서는 이번
d 에도 모방술의 두 종류를 본 것 같으이. 그러나 우리가 찾는 모습(idea)이 우리의 두 가지 것 중 어디에 속하는지 내가 보기에 현재로서는 아직 알 수 없네.

테아이테토스 그러나 어쨌든 선생님께서 먼저 말씀해주세요, 그리고 선생님께서 말씀하시는 두 종류가 무엇인지 우리를 위해 나누세요.

손 님 내가 그것 안에서 본 하나의 기술은 '모사물을 만드는

56) 218d5의 주석 참조.

기술' (eikastikē)[57]이네. 그런데 이것은 주로 누군가
가 길이, 면, 깊이에서 원형(본, paradeigma)과 같은
비율에 따라서, 그리고 이것들 외에도 각각의 부분들
e 에 어울리는 색깔을 부여함으로써 모방물의 생성을
보게 할 경우에 성립하네.

테아이테토스 한데 다음은 어떤가요? 무엇을 모방하는 사람은 누구
든 이것을 하려 들지 않는가요?

손 님 적어도 하나의 큰 작품을 조각하거나 만드는 사람이
면 누구든 그렇게 하려 들지 않네. 왜냐하면 만일 그
들이 아름다운 것들의 참된 비율(symmetria)을 재현
하려 했다면, 자네는 윗부분이 우리에 의해 멀리서 보
236a 이되 아랫부분은 가까이에서 보이기에 앞엣것은 정도
이하로 작아보이지만 뒤엣것은 그 이상으로 커보인다
는 것을 알기 때문이네.

테아이테토스 그야 물론이죠.

손 님 그러니까 장인(匠人, dēmiourgos)[58]들은 진상(to alēthes)을 도외시한 채, 있는 그대로의 비율들이 아니라 아름다워보이는 비율들을 영상들에 구현할 테지?

테아이테토스 그렇고말고요.

---

57) eikastikē는 eikōn과 관련된 말이기 때문에, 옮긴이는 그것(모사물)을 만드는 기술로 옮겼다.

58) 장인 또는 장색(匠色)은 헬라스어로 'dēmiourgos' 이다. 원래 이 말은 '민중(dēmos)에게 필요한 것을 만들어내는 자' 를 뜻하며, 이 사람의 제작행위를 'dēmiourgia' 라 한다.

손　　님　그러므로 다른 하나는 〔원형과〕 닮아보이므로 모사물(eikōn)[59]로 부르는 것이 옳지 않을까?

테아이테토스　그렇습니다.

b　손　　님　그리고 모방술 가운데서도 이를 위한 부분을 앞서 말했듯 '모사물을 만드는 기술' 로 불러야만 하겠지?

테아이테토스　그렇게 불러야죠.

손　　님　다음은 어떤가? 바로 아름다운 곳에서 보지 않기 때문에 아름다운 것과 닮아보이긴 하지만 만일 누군가가 그만큼 큰 것들을 능히 볼 수 있는 능력을 얻을 경우, 그가 그것과 닮았다고 하는 것과 닮지 않은 것을 우리는 무어라 불러야 할까? 그러니까 그게 닮아보이지만 실제로 닮은 것이 아니라면, 우리는 그걸 '닮아보이는 것' (유사영상, phantasma)[60]으로 불러야 할까?

---

59) '모사물' 로 옮긴 eikōn은 완전한 실재인 '형상' 과 닮은 것을 뜻하는 말이다. 이를테면 목수는 단일한 형상을 본으로 해서 침대를 만든다. 이때 목수가 만든 침대는 이 실재에 닮은 것으로, 완전한 실재성을 갖는 것은 아니다. 그건 실재의 상들일 뿐인 감각적인 사물들의 세계에 속한다. 이것은 236b7의 phantasma와 구별된다. 그러나 다른 경우에 이 말들은 서로 혼동해서 쓰이기도 한다.

60) phantasma는 Liddell & Scott의 *GREEK-ENGLISH LEXICON*에서 phantasia와 같은 의미를 갖는 것으로 밝혀져 있다(1916쪽 참조). 이걸 '닮아보이는 것' 으로 옮긴 까닭은 그게 '모사물' (eikōn)의 모방물이기 때문이다. 즉 그건 진상을 '닮은 것' 이 아니라 '닮은 것을 닮은 것' 이다. 이를테면 화가는 형상 아닌 기술자(장인)의 제작물을 모방한다.

테아이테토스 그럼요.

손 님 그렇다면 이 부분은 그림에서도 모방술 전체에서도
c 매우 흔하지 않은가?

테아이테토스 물론이죠.

손 님 그러니까 닮은 것(모사물)이 아니라 '닮아보이는 것'(유사영상)을 만드는 기술을 우리는 의당 '그런 것을 만드는 기술'(phantastikē)로 불러야 하지 않을까?

테아이테토스 그렇고말고요.

손 님 나는 이것들을 두고 영상제작술의 두 종류, 즉 '모상(模像)을 만드는 기술'과 '닮아보이는 것을 만드는 기술'이라 했네.

테아이테토스 옳은 말씀입니다.

손 님 그런데 그 당시에도 결정을 보지 못한 문제, 즉 이 두
기술 가운데 어디에다 소피스테스를 놓아야 할지 나
는 지금도 분명히 볼 수 없네. 그러나 그는 참으로 놀
d 랍고 포착하기 힘든 부류일세. 지금도 그는 매우 잘
그리고 교묘하게 찾아낼 길 없는 부류로 도망가 있으
니까 말일세.

테아이테토스 그런 것 같군요.

손 님 그러니까 자넨 그것을 알고서 동의하는 것인가? 아니면 그것은 이를테면 일종의 논의의 흐름과 같이 그것에 익숙해진 자네로 하여금 빠른 동의에 따르도록 하는 것인가?

테아이테토스 선생님께선 어떤 의미로, 그리고 무엇을 염두에 두고

그렇게 말씀하시는 겁니까?

손 님 여보게, 우리는 참으로 매우 힘든 탐구를 하고 있네.
e 왜냐하면 사실은 그렇지 않지만 그렇게 보이거나 그
렇게 생각되는 것, 그리고 어떤 것들을 말하지만 진실
을 말하지 않는 것, 이 모든 것은 이전에도 지금도 언
제나 어려움(aporia)으로 가득 차 있으니 말일세. 거
짓말이나 거짓판단이 실제로 있어야(ontōs einai) 한
다고 말하는 이가 또한 어떻게든 이것을 발설할 때 모
순에 빠지지 않기란 테아이테토스, 그야말로 어려운
237a 일이거든.

테아이테토스 대체 어째서죠?

손 님 이 말은 대담하게도 '있지(…이지) 않은 것'(to mē on)이 '있다'(…이다, einai)고 가정하고 있네.[61] 왜냐하면 거짓(pseudos)은 달리 존재할 수 없을 테니까 말일세. 그런데 여보게, 위대한 파르메니데스님께서는 우리가 어렸을 적에 시작하셔서 돌아가실 때

---

61) 여기서 먼저 번역과 관련해 'einai'와 'on'의 쓰임새를 밝혀둘 필요가 있다. einai는 영어로 to be에 on은 being에 해당되는 중성형 현재분사이다. 이 대화편에서 앞으로 밝혀지겠지만 'einai'에는 중요한 두 뜻이 있는데, 그 하나는 '있다'의 뜻이고 다른 하나는 '…이다'의 뜻이다. 따라서 to on의 경우에도 이 두 뜻은 그대로 있어서, '있는 것'과 '…인 것'이 된다. 그것들에 부정을 나타내는 말인 mē나 ou 또는 ouk가 그 앞에 첨가되면 '있지 않다', '…이지 않다'로, 그리고 '있지 않은 것', '…이지 않은 것'으로 된다.

까지, 그때마다 '산문'으로도 그러했지만 '운문'으로도 다음과 같이 말씀하시면서 이 점을 단호히 주장하셨네.

"있지(존재하지) 않은 것이 있다(존재한다)는 이것이 결코 입증되지 않게 하라.
아니, 그대는 탐구에 있어서 생각을 이 길에서 멀리할지라."[62]

b 그리하여 이 말은 그분 편에서 입증된 것이기도 하지만, 그 말 자체도 무엇보다 적절히 시험됨으로써 밝혀줄 걸세. 그러므로 만일 자네에게 아무런 이의가 없다면, 먼저 이 말 자체부터 살펴보기로 하세.

테아이테토스 제 일에 대해서는 선생님 처분에 맡기죠. 하지만 논의와 관련해서는 어떻게 하면 그게 가장 훌륭히 진행될까를 몸소 검토하시고, 저도 동일한 길에 따라 인도해 주세요.

손 님 그렇게 해야겠군. 그러니 내게 말해주게. 우리는 아마도 '전적으로 있지(존재하지) 않은 것'(to mēdamōs on)[63]을 발설하려 들 테지?

---

62) 파르메니데스, 토막글 7, 1~2.

63) 이건 전적인 무(nothingness)를 뜻하는 말이다. 파르메니데스가 존재하지 않는 것은 존재하지 않는다고 했을 때, 그건 전적으로 존재하지 않는 것으로서 사유 및 언어의 대상도 될 수 없는 것이었다. 즉 파르메니데스

테아이테토스 그야 물론이죠.

손 님 언쟁이나 장난을 위해서가 아니라, 듣고 있는 사람들
c 가운데 누가 진지하게 숙고하고 나서 '있지(…이지) 않은 것' (to mē on)[64]을 어디에 적용해야 하는지 대답하라는 요구를 받는다면, 우리는 그가 그 말을 '무엇에 대해서, 그리고 어떤 목적으로' (eis ti kai epi poion) 사용하며, 또한 질문하는 이에 대해서도 무언가를 보여줄 것이라고 생각할 수 있을까?

테아이테토스 선생님께선 힘든 질문을 하시는군요. 저 같은 사람으로서는 도저히 대답할 방도를 찾을 수가 없어요.

손 님 그렇지만 이것, 즉 '있지(…이지) 않은 것'을 '있는(…인) 것'들 가운데 하나(ti)에 적용해서는 안 된다는 것이야말로 분명하네.

테아이테토스 물론입니다.

손 님 만일 그게 '있는(…인) 것'에(epi to on) 적용될 수 없다면, 그걸 어떤 것에(epi to ti) 적용하는 사람은 누구든 옳게 적용할 수 없을 걸세.

테아이테토스 어째서죠?

에게 사유되는 것과 존재하는 것은 동일한 것이었으며, 사유는 대상을 가져야 하며 그 대상은 실재적이어야만 한다. 따라서 존재하지 않는 것은 사유될 수 없는 비실재적인 것으로서 언표될 수도 없다. 만일 존재하지 않는 것이 이렇게 전적인 무라고 한다면 '있는 것'을 '없는 것'이라고 하는 거짓은 불가능할 것이다. 이 점이 플라톤에게 문제가 된다.

64) 이건 전적인 무를 의미한다.

d 손　님　그리고 아마도 이것, 즉 "어떤 것"이라는 이 말을 우리가 그때마다 '있는(…인) 것'에 대해서 한다는 것도 우리에겐 분명하네. 왜냐하면 그게 모든 '있는(…인) 것들'에서 분리되어 벌거벗긴 채 있는 것처럼 그것만으로(monon) 말하는 것은 불가능하기 때문이네. 그렇지 않은가?[65)]

테아이테토스　불가능하죠.

손　님　그러니까 자네는 이 점을 보고 어떤 것을 말하는 사람은 반드시 적어도 '하나의 어떤 것'(hen ti)을 말해야 한다는 것에 동의하는가?

테아이테토스　그렇습니다.

손　님　실로 자네는 '어떤 것'은 그게 단수형(ti)일 경우는 하나를 나타내는, 쌍수형(tine)일 경우는 둘을 나타내는, 복수형(tines)일 경우에는 여럿을 나타내는 기호(sēmeion)라고 할 것이네.[66)]

테아이테토스　물론입니다.

e 손　님　그러나 어떤 것을 말하지 않는 자는 그야말로 아무것도 말하지 않는다(mēden legein)는 게 필연적일 테지.

---

65) 237c5~d5에 언급된 요지는 다음과 같다. '있지(… 이지) 않은 것'은 '있는(… 인) 것들' 가운데 하나에 적용될 수 없으며, 그래서 그것은 어떤 것(to ti)에 적용될 수 없다. 왜냐하면 "어떤 것"이란 말은 언제나 존재에 대해서 언표되기 때문이다. 모든 존재에서 분리되어 벌거벗긴 채 있는 것처럼 그것 자체만으로 어떤 것을 언표하기란 불가능하다.

66) 헬라스어 문법에는 단수나 복수 외에도 쌍이나 짝을 나타내는 쌍수(dual)가 있다.

테아이테토스 그렇고말고요.

손 님 그렇다면 우리는 이것, 즉 그런 이가 실은 아무것도 말하지 않는데도 〔어떤 것〕을 말한다는 것에 동의하여서는 안 되며, 오히려 우리는 '있지(…이지) 않은 것'을 발설하려 드는 이는 아무것도 말하지 않는다(oude legein)고 해야 되겠지?[67]

테아이테토스 그렇다면 논의는 어려움(aporia)의 결말을 본 셈이로군요.

238a 손 님 아직 큰소리치기에는 이르네. 여보게, 아직도 그게 남아 있으니까. 그것도 어려움들 가운데 가장 크고 으뜸가는 것이거든. 실은 그것은 바로 그 문제의 근원(archē)에 관여하고 있으니까 말일세.

테아이테토스 무슨 말씀이십니까? 주저하지 마시고 말씀이나 해보세요.

손 님 '있는(…인) 것'에는 어쩌면 '있는(…인) 것'들 가운데 다른 어떤 것(heteron ti)이 속할 수도 있네.

테아이테토스 물론이죠.

손 님 그러나 '있지(…이지) 않은 것'에 언젠가 '있는 것'들 가운데 어떤 것이 속할 수 있다고 주장할 수 있을까?

테아이테토스 어찌 그렇게 할 수 있겠습니까?

손 님 우리는 수(數)는 모두 '있는(…인) 것'들에 속하는 것으로 놓네.

---

67) 첫번째 aporia는 '있지(… 이지) 않은 것'은 발설할 수도, 말할 수도 없다는 것이다.

b 테아이테토스 그 밖에도 어떤 것을 '있는(…인) 것'으로 놓아야 한다면, 그렇죠.

손 님 그러니까 이제 수가 다수이건 하나이건 그것을 '있지(…이지) 않은 것'에 적용하려 하지는 말게나.

테아이테토스 논의가 주장하는 대로라면 그러려는 것은 옳지 않은 일일 테죠.

손 님 그렇다면 누군가가 수(數) 없이도(chōris) 어떻게 '있지(…이지) 않은 것들'(복수)이나 '있지(…이지) 않은 것'(단수)을 발설할 수 있을까? 또는 대체 사고에 있어서조차 그걸 파악할 수 있을까?

테아이테토스 어떻게 해야 할지 말씀이나 해주세요.

손 님 우리가 '있지(…이지) 않은 것들'(복수)이라고 할 때,
c 그러니까 우리는 그것들에 수의 다수(많은 수들)를 적용하려 한 게 아닌가?

테아이테토스 그야 물론이죠.

손 님 그러나 '있지(…이지) 않은 것'(단수)이라고 할 때는, 또한 수의 하나를 그것에 적용하려 한 게 아닌가?

테아이테토스 분명합니다.

손 님 더욱이 우리는 '있는(…인) 것'을 '있지(…이지) 않은 것'에 결부시키는 것은 정당하지도 올바르지도 않다고 주장하네.

테아이테토스 지당하신 말씀입니다.

손 님 그렇다면 자넨 '있지(…이지) 않은 것'을 그것 자체만으로 제대로 발설할(phthenxasthai) 수도, 언표할

(eipein) 수도, 생각할(dianoēthēnai) 수도 없다는 것을 아는가? 오히려 자네는 그것이 생각할 수도(adianoēton), 언표할 수도(arrēton), 발설할 수(aphthenkton)도, 설명할 수도 없는 것(alogon)[68] 이라는 걸 이해하겠군?[69]

테아이테토스 물론 그렇죠.

d 손 님 그러니까 실은 우리가 더 큰 다른 어떤 어려움을 말할 수 있는데도, 내가 방금 그것과 관련된 가장 큰 어려움을 말하려 한다고 함으로써 잘못을 범하지는 않았는가?

테아이테토스 어떤 어려움을 두고 하시는 말씀인가요?

손 님 여보게, 자네는 방금 한 바로 그 언급들에서 다음과 같은 것을 이해하지는 못하는가? 즉 '있지(…이지) 않은 것'은 그걸 논박하는 이조차도 이처럼 어려움에 처하게 해서, 누군가가 그것을 논박하려 하면 그것과 관련해서 반드시 스스로가 자신과 모순된 말을 하게 한다는 것 말일세.[70]

테아이테토스 어떤 뜻으로 하시는 말씀입니까? 좀더 분명히 말씀해

---

68) 콘포드는 alogon이 '비이성적인 것'이 아니라 '대화로 표현될 수 없는 것'을 뜻한다고 한다. 즉 이는 전달된 의미가 없는 것을 뜻한다(F. M. Cornford, *Plato's Theory of Knowledge*, 206쪽 참조).

69) 첫번째 aporia 외에도 '있지(… 이지) 않은 것'은 또한 생각할 수도 설명할 수도 없는 것이다.

70) 이것은 세번째 aporia이다.

주세요.

손 님 그것은 나에게 있어서 살펴볼 필요조차 없이 분명하

e 네. '있지(…이지) 않은 것'이 하나에도, 그리고 여럿에도 관여해서는 안 된다고 가정하였던 내가 이전에도 그랬지만 지금도 이처럼 그것을 하나로 언급했거든. 왜냐하면 나는 '있지(…이지) 않은 것'(단수)이라고 말하고 있으니까 말일세.[71] 내 말을 이해할 수 있겠나?

테아이테토스 예.

손 님 그리고 더 나아가 조금 전에도 나는 그것은 발설할 수도, 언표할 수도, 설명할 수도 없는 것이라고 말했네. 자네는 따르겠는가?

테아이테토스 예, 물론이죠.

손 님 그렇다면 '있다'(…이다, einai)를 그것에 덧붙이려

239a 함으로써, 나는 앞서 한 말들과 모순된 말을 한 것이 아닌가?[72]

테아이테토스 그렇군요.

---

71) '있지(… 이지) 않은 것'은 하나에도 여럿에도 관여할 수 없다고 하고서, 그때도 지금도 그걸 '있지(…이지) 않은 것'("to" mē on)이라고 말함으로써 하나로 부른다는 것은 모순이다.

72) 238a에서 '있지(…이지) 않은 것'에 '있는(…인) 것'이 속할 수 없다고 하고서, 지금 '있지(…이지) 않은 것'은 발설할 수도 말할 수도 설명할 수도 없는 것이다(einai)라고 말함으로써 그것에 '이다'를 덧붙였는데, 이것도 모순이다.

손 님 그런데 다음은 어떤가? 'to' (정관사)란 말을 덧붙임으로써 나는 그것에 대해 하나로서 말한 것이 아닌가?[73]

테아이테토스 예.

손 님 그리고 더 나아가 그것을 설명할 수도 언표할 수도 발설할 수도 없는 것(중성단수형)이라고 말함으로써 나는 마치 하나에 대해서 하듯 말했네.

테아이테토스 물론 그랬죠.

손 님 그러나 우리는, 만일 누군가가 옳게 말하려 한다면, 그것을 하나나 여럿으로 한정해서도 안 되며, 심지어 '그것' (auto)이라고 불러서도 안 된다고 주장했네. 왜냐하면 그렇게 불러도 단수의 형태(eidos)로 부른 셈이 될 테니까 말일세.

테아이테토스 그렇고말고요.

b 손 님 그러니 이런 나에게 누군들 무슨 말을 하겠는가? 왜냐하면 그는 내가 전에도 그랬지만 지금도 '있지(…이지) 않은 것' 에 대한 논박과 관련해서 패한 것을 발견하게 될 테니까 말일세. 그러므로 내가 이미 말했다시피 '있지(…이지) 않은 것' 과 관련된 바른 표현(hē orthologia)을 내게서 찾지 말고 이제야말로 자네한테서 찾아보기로 하세.

테아이테토스 무슨 뜻으로 하시는 말씀인가요?

73) 옮긴이도 콘포드와 마찬가지로 touto를 to 'to' 로 읽었다(F. M. Cornford, 앞의 책, 207쪽 옮긴이 주[2] 참조).

손　　님　자, 우리를 위해 자네는 젊으니까, 훌륭하게 그리고 성실하게 할 수 있는 한 최대한으로 '있지(…이지) 않은 것'에 존재(ousia)도 수의 하나도 다수도 덧붙이지 말고, 바르게(kata to orthon) 그것에 관해서 무엇인가를 발설토록 해보게.

c　테아이테토스　선생님께서 그러한 처지에 처하신 것을 목격한 제가 스스로 그렇게 하려 한다면, 그 시도야말로 실로 저로 하여금 터무니없이 이상한 열의에 사로잡히게 하는 것이 될 테죠.

손　　님　하지만 그렇게 생각된다면 자네와 나는 개의치 않기로 하세. 그러나 이것을 할 수 있는 어떤 사람을 만나기 전까지는, 소피스테스가 상당히 능수능란하게(panourgōs)[74] 접근하기 힘든 곳에 숨은 것으로 말해두기로 하지.

테아이테토스　물론 그럴 테죠.

손　　님　그러므로 만일 우리가 소피스테스가 지니고 있는 것이 일종의 '닮아보이는 것(유사영상)을 만드는 기술'
d　(phantastikē)이라고 한다면, 그는 말을 사용하는 이 기술로부터 우리를 책하면서 우리가 그를 '영상을 만드는 자'(eidōlopoion)로 부를 경우에 대체 영상

74) 'panourgōs'를 '능수능란하게'로 옮긴 까닭은 'panourgia'를 염두에 두었기 때문이다. 흔히 panourgia는 소피스테스가 하는 짓을 나타내는 말로서 바른 가치와는 상관없이 '못할 짓이 없는 것'을 뜻한다. 즉 그들은 자신들의 목적을 위해서는 무슨 짓이든 한다.

(eidōlon)[75]은 무엇을 두고 하는 말이냐고 물음으로써 논의를 반대로 돌려놓을 것이네. 그러니 테아이테토스, 우리는 이 물음에 대해 이 고집 센 사람에게 무엇이라고 대답해야 할지 살펴보아야 하네.[76]

테아이테토스 우리는 물이나 거울에 비친 영상들, 더욱이 그려진 것들과 조각된 것들, 그리고 그와 같은 다른 모든 것들이 그런 것이라고 말할 것이 분명합니다.

e 손 님 테아이테토스, 자네가 아직 소피스테스를 보지 못했다는 것은 분명하군.

테아이테토스 어째서죠?

손 님 자네에겐 그가 눈을 감고 보거나 눈을 전혀 갖고 있지 않은 것처럼 보일 것이네.

테아이테토스 어떻게 그렇죠?

손 님 자네가 그에게 이처럼 대답할 때, 즉 자네가 거울이나 조각품에 있는 어떤 것이라고 말한다면, 그는 자네의 말들을 비웃을 것이네. 자네가 그에 대해서 그가 보는 것처럼 여기고 말할 때, 그는 거울이나 물에 비친 것

75) 이건 전적으로 실재적이지는 않지만 어느 정도의 실재성을 갖는 어떤 것을 의미한다. 239d6~8에 그 예들이 언급되어 있다. 이것은 앞서 언급된 phantasma와는 구별된다.

76) 이제부터 논의는 '영상'(eidōlon)의 영역으로 옮겨가게 되는데, 이때 영상과 관련해서 두 문제가 제기될 수 있다. 하나는 대체 어떻게 어떤 것이 존재하면서도 전적으로 실재적이지 않을 수 있을까 하는 것이고, 다른 하나는 그릇된 진술과 그릇된 판단이 어떻게 설명될 수 있을까 하는 것이다.

240a 도 그리고 눈에 보여진 것도 전혀 알지 못하는 양 시치미를 떼면서 단지 말꼬리를 잡을 수 있는 것만을 자네에게 질문할 걸세.

테아이테토스 어떤 것인데요?

손 님 그건 자네가 많은 것들을 예로 들고 모두에 대해 '하나인 것' (hen on)[77]처럼 '영상' 이라고 말함으로써 하나의 이름으로 불릴 만하다고 본 이 모든 것들에 두루 걸치는 공통의 것일세. 그러므로 자네는 그것에 대해서 말하고, 이 사람에게 한 발짝도 양보하지 말고 자신의 입장을 지키게나.

테아이테토스 손님이시여, 영상을 실물(talēthinon)과 닮은 그와 같은 다른 것말고 무엇이라고 말씀하시겠습니까?

손 님 그러나 자네는 '그와 같은 다른 것' 을 실물을 두고 하
b 는 말인가, 아니면 어떤 것에 대해서 '그와 같은' 이란 말을 썼는가?

테아이테토스 결코 실물은 아니지만 그걸 닮은 것(eoikos)입니다.

손 님 그렇다면 실물은 '참으로 있는(…인) 것' (ontōs on)을 두고 하는 말인가?

테아이테토스 그렇습니다.

손 님 그러나 다음은 어떤가? 그러니까 실물이 아닌 것(to

77) 이는 영상에 대해서도 단일성과 실재성을 부여한 것을 의미한다. 그러나 이 경우에는 실재성의 정도가 문제이다. 설사 영상이 실재성을 갖고 있다 하더라도 그건 '본' 이 갖고 있는 실재성보다 정도가 낮기 때문이다.

mē alēthinon)은 참(사실)과 대립되는 것인가?

테아이테토스 그야 물론이죠.

손 님 그렇다면 자네가 '닮은 것' (to eoikos)이라고 하는 말은, 자네가 적어도 그걸 실물이 아닌 것으로 말할 경우 '참으로 있지(…이지) 않은 것' (ouk ontōs on)이겠지.

테아이테토스 하지만 그건 어떻게든(pōs) 존재하죠.

손 님 어쨌든 자네의 주장은 그게 참으로(alēthōs) 존재하지는 않는다는 것일세.

테아이테토스 물론 그건 아니죠. 다만 그게 실제로 모사물(eikōn)이라는 걸 제외하고는요.[78)]

손 님 그것(닮은 것)은 실제로 있는(…인) 것은 아니지만 우리가 그걸 모사물이라고 부르는 것으로서(점에서) 실제로 있는 것이겠지?

c 테아이테토스 아마도 '있지(…이지) 않은 것' 과 '있는(…인) 것' 이 결합된 이와 같은 어떤 결합(symplokē)이 있는 듯한데, 이는 매우 이상한 일입니다.

손 님 물론 이상한 일이지. 어쨌든 자네는 지금도 이런 교체(epallaxis)로 인해 많은 머리의 소피스테스가 우리로 하여금 원해서 하는 것은 아닐지라도 '있지(…이지) 않은 것' 이 어떻게든 '있다(…이다)' (einai pōs)고 동의하게 한다는 것을 아네.

---

78) 논의가 자연스럽게 '영상' (eidōlon)에서 '모사물' (eikōn)로 이행한다.

테아이테토스 물론 저도 압니다.

손 님 그런데 다음은 어떤가? 소피스테스의 기술을 무엇으로 규정함으로써 우리는 서로간에 의견일치를 볼 수 있을까?

테아이테토스 어떻게. 그리고 무엇이 두려워 그렇게 말씀하시는 건가요?

d 손 님 그가 '닮아보이는 것'(유사영상, phantasma)과 관련해 기만하고, 그의 기술을 일종의 기만술(apatētikē)이라고 우리가 주장할 때, 우리는 우리 혼이 그 기술에 의해 거짓판단을 한다(pseudē doxazein)고 할 것인가, 아니면 도대체 무어라 할 것인가?

테아이테토스 그렇게 말해야죠. 달리 무어라 할 수 있겠습니까?

손 님 그러나 다시금 거짓판단(pseudēs doxa)은 '있는(…인) 것들'과 대립되는 것들(tanantia tois ousi)을 판단할 테지? 아니면 어떤가?

테아이테토스 그렇죠. 대립되는 것들을 판단하죠.

손 님 그러니까 자네는 '있지(…이지) 않은 것들'을 판단하는 것을 거짓된 판단이라 하겠군?

테아이테토스 그럴 수밖에 없죠.

e 손 님 그건 '있지(…이지) 않은 것들'은 '있지(…이지) 않다'고 판단하는 걸까? 아니면 '전적으로 있지(…이지) 않은 것들'(ta mēdamōs onta)이 어떻게든 있다(…이다)고 판단하는 걸까?

테아이테토스 정녕 누군가가 어떤 점에서 조금이라도 거짓을 범할

수 있으려면, '있지(…이지) 않은 것들'은 적어도 어떻게든 있어야 합니다.[79]

손 님 하지만 다음은 어떤가? '어느 경우에든 있는(…인) 것들'(ta pantōs onta)[80]이 전혀 있지(…이지) 않다(mēdamōs einai)고 판단할 수도 있지 않을까?

테아이테토스 그럼요.

손 님 이것도 거짓이겠지?

테아이테토스 그렇고말고요.

손 님 또한 내 생각으로는 진술(logos)[81]도 마찬가지로 동

241a 일하게 '있는(…인)것들'을 있지(…이지) 않다고 하고, '있지(…이지) 않은 것들'을 있다(…이다)고 말할 경우에 거짓으로 여겨지네.

테아이테토스 그와 같은 것(거짓)이 달리 어떻게 생기겠습니까?

손 님 결코 달리 생길 수는 없네. 그러나 소피스테스는 이를 인정하지 않을 걸세. 또는 이것들에 앞서 합의되었던 것들이 발설할 수도, 언표할 수도, 설명할 수도, 생각할 수도 없는 것으로서 다시금 확인된다면, 분별있는 자들 가운데 누군들 대체 이에 동의할 수 있겠는가?

---

79) 따라서 거짓판단이나 거짓진술이 가능하려면 '있지(…이지) 않은 것'이 어떻게든 있어야만 한다.

80) 콘포드는 pantōs를 완전성의 의미를 갖는 pantelōs와 구별해볼 것을 지적한다(F. M. Cornford, 앞의 책, 213쪽 옮긴이 주[2] 참조).

81) 플라톤에게 있어 '진술'은 마음(psychē)이 소리 없이 자기 자신과의 대화를 통해 형성한 판단을 말로써 발설한 것에 지나지 않는다.

테아이테토스, 그가 한 말이 무엇인지를 우리는 이해하는가?

테아이테토스 판단이나 진술에 거짓이 존재한다고 말함으로써 우
리가 방금 한 언급들과 모순되는 말을 한 것으로 그
b 가 주장하리라는 것을 어찌 모르겠습니까? 왜냐하면
우리는 여러 번 '있지(…이지) 않은 것'에다 '있는
(…인) 것'을 결부시키지 않을 수 없었는데, 이것이
야말로 무엇보다도 불가능하다고 방금 합의했으니
까요.

손 님 제대로 기억하는군. 그러나 지금이야말로 소피스테스에 관해 무엇을 해야 할지 고려할 때이네. 왜냐하면 우리가 그를 사기꾼들이나 요술쟁이들의 기술에 놓고 추적한다면, 자네는 반론과 어려움이 얼마나 수월하게 그리고 많이 생기는가를 아니까 말일세.

테아이테토스 그야 물론이죠.

손 님 그것들은 거의 무한한데도, 사실 우리는 그것들 가운
c 데 적은 일부분만을 말해온 셈이네.

테아이테토스 사정이 그렇다면, 소피스테스를 붙잡기란 불가능할 듯싶습니다.

손 님 그렇다면 어떻게 해야 할까? 우리가 이처럼 맥이 빠져버렸으니 이제 포기해야 할까?

테아이테토스 우리가 어떻게든 그 사람을 조금만이라도 붙잡을 수 있다면, 제 말씀은 그래서는 안 된다는 거죠.

손 님 그렇다면 자네는 너그럽게 생각하겠지? 그리고 자네

가 방금 말했듯이 우리가 이처럼 강한 주장에서 어쨌든 조금이지만 물러나게 되더라도 자네는 만족해하겠지?

테아이테토스 물론 그럴 겁니다.

d 손 님 이제 나는 더 나아가 이 점도 그 이상으로 자네에게 당부를 해두겠네.

테아이테토스 어떤 걸 말씀입니까?

손 님 자넨 내가 일종의 '친부살해범'(patraloias)이 된 걸로 보지 않았으면 하네.

테아이테토스 왜죠?

손 님 자신의 입장을 지키려는 우리로서는 사부(師父) 파르메니데스님의 주장을 반드시 검토해서 '있지(…이지) 않은 것'이 어떤 점에서 있고(…이고), 또한 다시금 '있는(…인) 것'도 어떻게든 있지(…이지) 않다고 주장하게 해야만 하네.

테아이테토스 논의에서라면 그와 같은 주장을 해야 한다는 게 분명하죠.

손 님 이건 이른바 눈먼 이에게조차 분명한 일이니까. 왜냐
e 하면 만일 이런 것들이 논박되지도 받아들여지지도 않는다면, 그게 영상이든 모사물이든, 또는 모방물이든 닮아보이는 것(유사영상) 자체든, 거짓진술들이나 판단에 관해서 아니면 이런 것들과 관련된 기술들에 관해서 말하는 자는 어쩔 수 없이 자기 자신과 모순되는 말을 함으로써 웃음거리가 되지 않을 수 없을 테니

까 말일세.

테아이테토스 지당하신 말씀입니다.

242a 손 님 그건 그렇고, 이 때문에 우리는 이제 감히 사부의 주장을 공격해야만 하든가, 아니면 어떤 망설임이 그걸 하지 못하게 한다면 이를 전적으로 그만두어야 하네.

테아이테토스 우리로 하여금 그걸 못하게 하는 건 없죠.

손 님 그러면 나는 세번째로 자네에게 사소한 어떤 것을 더 부탁할 걸세.

테아이테토스 말씀만 하세요.

손 님 이것들에 관한 논박에 대해 내가 언제나 내켜해하지 않았고 지금도 마찬가지라는 말을 나는 방금 전에 했던 것 같으이.

테아이테토스 그러셨죠.

손 님 나는 방금 내가 한 그 말이, 즉 바로 그 말 때문에 지금 내가 갑자기 자신의 입장을 이리저리 바꾼다면, 자네에게 내가 정신나간 사람으로 보이지나 않을까 두
b 렵네. 우리가 그 주장을 논박할 수 있다면 우린 그걸 논박하려 할 텐데, 이는 자네를 위해서일세.

테아이테토스 그렇다면 선생님께서 이런 논박과 증명에 임하시더라도 제가 보기엔 전혀 잘못된 일이 아닐 테니, 적어도 이 때문에라도 용기를 갖고 진행시키시죠.

손 님 자, 이제 우리는 대담한 논의의 출발을 무엇으로 삼을까? 여보게, 나는 이것이야말로 우리가 무엇보다도 반드시 밟아갈 길이라고 생각하네.

테아이테토스 어떤 길인데요?

손 님 이것들과 관련해서 우리가 어떤 점에서는 혼란에 빠
c 져 있는데도 불구하고 우리가 분명히 알고 있다고 서로 경솔하게 합의를 보지 않도록, 지금 분명하다고 생각되는 것들을 먼저 살펴보게.

테아이테토스 무슨 말씀인지 좀더 분명히 해주세요.

손 님 내가 보기엔 파르메니데스님과 지금까지 '있는(…인) 것들'이 얼마만큼인지, 어떤 것들인지를 규정하는 결정(krisis)에 착수했던 사람은 누구든 우리에게 가볍게 이야기를 해준 것 같네.

테아이테토스 어떤 점에서죠?

손 님 내가 보기에 그들은 저마다 우리가 마치 어린애들인 양 무슨 옛이야기(mythos)라도 해주는 것 같으이. 어떤 사람은 '있는(…인) 것들'이 셋인데, 그것들 가운데 어떤 것들은 때때로 어떤 식으로든 서로 다투지만,
d 때로는 사이좋게 지내다가 결혼을 해서 출산을 하고 그 자식들을 양육한다고 하네.[82] 그런가 하면 그걸 둘로, 즉 습(濕)과 건(乾), 또는 온과 냉으로 말하는 다른 사람은 그것들을 함께 살게 해서 결혼까지 시키

82) 이것이 누구의 주장인지는 정확치 않다. 캠벨은 제우스와 크로노스와 게(Gē)를 우주발생의 근원이라고 한 페레키데스(550년경, 시로스 출신의 초기 산문작가이자 우주발생에 관한 신화작가)의 주장이라고 한다(R. L. Campbell, *Sophistes and Politikus of Plato*, Sophistes 104쪽 참조).

지.[83] 그러나 기원이 크세노파네스나 그 이전까지 거
슬러 올라가는 우리 엘레아인은 이른바 만물이 하나
인 양 그처럼 이야기를 진행시키네. 반면 나중에 이오
니아와 시켈리아의 어떤 무사들[84]은 이 두 설명을 결
e 합시켜 '있는(…인) 것' 은 여럿인 동시에 하나이며
적의와 친의에 의해서 결합되는 것으로 말하는 것이
가장 안전하다고 생각했네. 왜냐하면 무사들 가운데
한층 더 엄격한 이들[85]은 그게 분리하면서도 언제나
결합한다고 말하지만, 더 온건한 이들[86]은 그것들이
언제나 그렇다는 것을 완화시켜, 이번에는 우주가 때

83) 캠벨은 아르켈라오스의 주장이라 한다(같은 책, 같은 쪽 참조). 5세기경 아테네에서 태어난 아르켈라오스는 아낙사고라스의 제자였는데, 중요한 부분에서는 그를 따랐지만 어떤 부분들에서는 이오니아 철학자들과 엠페도클레스의 견해를 따랐다. 그는 아낙사고라스가 온과 냉이 그것에서 처음으로 분리되어 나온다고 한 원소들의 최초의 '혼화' 를 받아들였으며, 또한 아낙시메네스처럼 공기의 농후화와 희박화에 의해 모든 것이 생긴다는 것도 믿었다. 그리고 그는 소크라테스를 가르쳤다고도 전해진다.

84) 이오니아의 무사들은 헤라클레이토스와 그의 제자들을 가리키고, 시켈리아의 무사들은 엠페도클레스와 그의 제자들을 가리킨다.

85) 이오니아의 한층 더 엄격한 무사들은 헤라클레이토스의 철학을 상징하는데, 특히 그건 대립적인 것들의 조화는 본질적으로 결코 해소되지 않는 긴장을 포함하고 있다는 이론이다.

86) 시켈리아의 더 온건한 무사들(엠페도클레스)은 사랑의 지배와 불화의 지배라는 대립적인 양극을 생각했다. 이런 극단적인 상태 사이에서 세계는 생성하기도 하고 소멸하기도 한다.

로는 아프로디테에 의해 하나로 되어 우애로운 상태
243a 에 있지만, 때로는 일종의 불화로 인해 여럿으로 되어 스스로 자신에 대해 적대적인 상태에 있게 된다[87]고 말하기 때문이네. 그러나 이 모든 것들과 관련해서 이들 가운데 누가 한 말이 진실인지 아닌지는 어려운 문제이며, 또한 유명한 옛날 사람들을 그렇게 심하게 비난하는 것도 무례한 일일세. 그러나 그걸 분명히 해두는 것은 나무랄 일이 아니네.

테아이테토스 어떤 것인데요?

손 님 그들이 우리와 같은 대중을 굽어보고서 지나치게 경멸했다는 것 말이네. 왜냐하면 그들은 우리가 그들의 주장을 좇아오든 뒤처져 있든 전혀 개의치 않고 저마
b 다 자신들의 주장을 끝까지 이끌어갔으니까 말일세.

테아이테토스 무슨 말씀입니까?

손 님 그들 가운데 누가 그것이 여럿이든 하나든 둘이든 간에 그것이 '있다' 거나 '생겼다' 거나 '생기고 있다' 고 말할 때, 그리고 또한 다른 사람은[88] 분리와 결합을 가정하고 온과 냉이 섞여 있다고 말할 때, 테아이테토스, 신들에 맹세코 자네는 이들 각각의 경우에 그들이 주장하는 것이 무엇인지를 이해할 수 있는가? 실로 나로서는 내가 더 젊었을 때 누군가가 지금 우리를 당혹스럽게 하고 있는 '있지(…이지) 않은 것' 이라고 말했을

87) 엠페도클레스, 토막글 17.

88) allothipē 대신에 allos eipē로 읽었다.

때 그걸 정확히(akribōs) 이해하고 있다고 생각했네. 하지만 자네는 지금 우리가 어느 점에서 그것과 관련해 당혹해하고 있음을 알고 있네.

c 테아이테토스 알고 있죠.

손 님 아마도 우리는 '있는(…인) 것'과 관련해서도 마음속으로 그에 못지않은 그런 동일한 상태에 처해 있음에도 불구하고 이것(있는 것)과 관련해서 우리는 당혹해하지도 않으며, 누가 그걸 발설할 때에는 이해한다고 말하지만 다른 것(있지 않은 것)과 관련해서는 그렇지 않다고 주장하네. 실은 양자와 관련해서 우리는 비슷한 상태에 있는데도 말일세.

테아이테토스 아마도 그럴 겁니다.

손 님 앞서 언급한 다른 것들에 대해서도 그와 마찬가지라고 하세.

테아이테토스 그럼요.

손 님 이제 그 여러 가지 것들에 관해서는 그렇게 하는 것이 옳다면 이 다음에 살펴보기로 하고, 지금은 가장 중요하고
d 으뜸가는 시초에 관해서 고찰해야만 하네.

테아이테토스 무엇을 두고 하시는 말씀입니까? 아니면 분명히 선생님께서는 '있는(…인) 것'과 관련해서 먼저 그걸 말한 사람들이 도대체 그게 지시하는 것(dēloun)이 무엇이라고 생각하는지 탐구해야 한다고 주장하시는 건가요?

손 님 테아이테토스, 자네는 금방 이해하는군. 내가 주장하

는 것은 실은 우리가 이런 식으로, 이를테면 마치 그들이 곁에 있는 것처럼 다음과 같이 캐물음으로써 탐구해야만 한다는 것이거든. "자, 모든 것(만물, ta panta)은 온과 냉이나 그와 같은 어떤 두 가지 것이라고 말하는 여러분 모두는 그것들 둘 다나 그것들 하나

e 하나가 있다고 주장할 때, 도대체 양자에 대해 이 말(einai)을 어떤 뜻으로 발설한 것인가요? 여러분이 말하고 있는 이 '있다'(…이다)라는 말을 어떻게 이해해야 할까요? 그것(einai)은 저 둘 이외의 제3의 것이며, 그래서 여러분의 말처럼 모든 것(만물, to pan)은 더 이상 둘이 아니라 셋이라고 놓아야 할까요? 왜냐하면 여러분이 그 둘 중에서 하나를 있는(…인) 것이라고 부른다면, 양쪽 다 같은 의미로 '있다'(…이다)고 말하는 것은 아닐 테니까요. 두 경우에서 대개 둘이 아니라 하나만 있을 테니까요."[89)]

테아이테토스 옳으신 말씀입니다.

손 님 "하지만 여러분은 양자를 '있는(…인) 것'이라고 부르렵니까?" 〔라고 묻는다고 하세.〕

테아이테토스 아마도 그렇겠죠.

244a 손 님 "하지만 여러분, 설사 그렇다 하더라도 그 둘을 '하나'

---

89) 이원론자들에 대한 손님의 비판은 '온'과 '냉' 이외에 '있다'(…이다) 내지 '있는(…인) 것'을 설명하지 않았다는 것이다. 왜냐하면 '온'과 '냉'을 원리들로 놓고 '있는(…인) 것'을 원리로 놓지 않는다면, '온'과 '냉'이 원리들'이다'고 말할 수 없기 때문이다.

라 부를 게 매우 분명합니다"라고 우리는 말할 걸세.

테아이테토스 지당한 말씀입니다.

손 님 "그래서 지금 우리는 어려움에 빠져 있으므로 여러분이 '있는(…인) 것'이란 말을 입밖에 낼 때, 대체 그 말로 무엇을 지칭하려(sēmainein) 하는지 우리에게 충분히 해명해주십시오. 여러분은 오래 전부터 이걸 알고 있었을 테지만, 우리는 전에는 그런 줄로 생각했는데 지금은 어리둥절한 상태에 있다는 게 분명하니까요. 그러니 먼저 바로 이 점을 우리에게 가르쳐주십시오. 우리가 여러분의 언급을 아는 듯한 인상을 주지 않고 전적으로 이와 반대가 되도록 해야 할 테니까
b 요." 우리가 이런 말을 하고서 이 사람들이나, 만물은 '하나' 이상이라고 주장하는 다른 하고많은 이들에게 이런 요구를 한다 해도 여보게, 필시 우리가 엉뚱한 말을 하는 것은 아니겠지?

테아이테토스 전혀 그렇지 않습니다.

손 님 다음은 어떤가? 모든 것(만물)은 '하나'라고 주장하는 사람들에게 그러니까 우리는 그들이 '있는(…인) 것'으로 대체 무엇을 말하는지 힘닿는 한 캐물어야만 하지 않을까?

테아이테토스 그야 물론이죠.

손 님 그렇다면 이제 그들이 이런 질문에 다음과 같이 대답한다고 하세. "여러분의 주장은 확실히 '하나'만이 있다(…이다)는 것입니까?"—그들은 "그게 우리의 주

장이죠"라고 말할 것이네. 그렇지 않은가?

테아이테토스 그렇습니다.

손 님 "그런데 다음은 어떻습니까? 여러분은 '있는(…인) 것'을 어떤 것(ti)이라고 부르는지요?" [라고 묻는다고 하세.]

테아이테토스 예.

c 손 님 "그건 여러분이 동일한 것에 대해 두 이름을 사용해서 '하나'라고 부르는 바로 그것입니까? 아니면 어떤가요?"

테아이테토스 그렇다면 손님이시여, 그들에게서 나올 다음 대답은 무엇입니까?

손 님 테아이테토스, 분명히 이런 가정을 놓은 사람으로서는 지금의 질문은 물론 그 밖의 어떤 질문에 대답하는 것도 무엇보다 쉬운 일은 아닐세.

테아이테토스 왜죠?

손 님 '하나' 이외에 아무것도 놓지 않는 사람이 두 이름이 있다는 데 합의하는 것이야말로 분명 매우 어리석은 일이니까 말일세.[90)]

---

90) 244b9로부터 지금까지 "하나만이 있다(…이다)"고, 그리고 '있는(…인) 것'은 '어떤 것'(ti)이라고 언급한 것은 동일한 것에 두 이름을 사용해서 하나라고 부르는 것인데, 하나만 있다고 해놓고 두 이름이 있다고 하는 것은 어리석은 일이다. 따라서 일원론자들에 대한 비판은 그들이 '하나' 이외에도 '있는(…인) 것'을 원리로서 갖고 있을 수밖에 없다는 것이다.

테아이테토스 물론 그렇죠.

손 님 그리고 설명 없이 어떤 이름이 있다고 주장하는 사람
d 에 동의하는 것도 전적으로 어리석은 일이네.

테아이테토스 어떤 점에서요?

손 님 이름을 대상(pragma)과 다른 것으로 놓는 사람은 확실히 두 개의 어떤 것들(tine)을 말하는 것이네.

테아이테토스 그렇습니다.

손 님 게다가 그가 이름을 그것(대상)과 동일한 것으로 놓는다면 그는 그게 아무것도 아닌 것의 이름이라고 말할 수밖에 없지만, 만일 그가 그것을 어떤 것의 이름으로 말한다면 그 이름은 단지 이름의 이름이 될 뿐 다른 어떤 것의 이름도 되지 않을 것이네.

테아이테토스 그렇습니다.

손 님 그리고 '하나' (라는 이름)는 하나의 이름인 것이며 또한 그 이름의 하나인 것이기도 하네.

테아이테토스 그렇고 말고요.

손 님 그런데 다음은 어떤가? 그들은 전체(to holon)를 '하나인 것' (to on hen)과 다른 것이라고 말할 것인가, 아니면 그것과 동일한 것이라고 말할 것인가?[91)]

e 테아이테토스 물론 동일한 것이라고 말할 겁니다. 사실 그렇다고 말

91) 전체(to holon)는 '하나인 것' 과 동일하다. 따라서 '있는(… 인) 것' 은 하나이며 전체이다. 이 경우는 일원론은 '있는(…인) 것' , 하나, 그리고 전체를 원리들로 내세운다.

하고 있기도 하고요.

손 님 그러니까 만일 그것이 전체라면, 파르메니데스님께서도 말씀하시듯이,[92] 그것은

> "구형(球形)의 덩어리와 유사하게 모든 면에서, 그리고 중심으로부터 어디로나 균형을 유지하나니. 저기보다 여기에서 더 크거나 더 작은 어떤 것이 있을 필요는 없으니까."

그와 같은 '있는(…인) 것' 은 중심과 끝을 가지며, 이것들을 가짐으로써 전적으로 부분들을 가질 수밖에 없네.[93] 아니면 어떤가?

테아이테토스 그렇습니다.

245a 손 님 그러나 부분들로 나뉜 것은 모든 부분들과 관련해서 하나의 속성(pathos)을 지니며, 이런 식으로 그것은 모두이며 전체로서 하나로 있다 해도 무방하네.

테아이테토스 물론입니다.

손 님 그러나 이런 속성들을 지닌 것이 바로 '하나 자체' (to hen auto)일 수는 없지 않은가?

테아이테토스 어째서죠?

손 님 확실히 참된 의미에서의 하나는 바른 정의에 의하면

---

92) 파르메니데스, 토막글 8, 43~45.

93) 이 경우 전체는 부분들을 가질 수밖에 없다. 따라서 일원론은 다수성으로 해소된다.

전적으로 부분을 갖지 않는 것이라고 해야만 하네.

테아이테토스 그래야죠.

b 손 님 한데 여러 부분들로 이루어진 그와 같은 것은 정의에 일치하지 않을 것이네.

테아이테토스 알겠습니다.

손 님 '있는(…인) 것'은 그런 식으로 하나의 속성을 갖게 되었으므로 하나이며 전체인가, 아니면 '있는(…인) 것'은 전체라고 우리는 절대로 말해서는 안 되는가?

테아이테토스 선생님께서는 제게 힘든 선택을 제시하셨군요.

손 님 지당한 말일세. 왜냐하면 그도 그럴 것이 '있는(…인) 것'이 어떤 점에서 하나인 상태로 있다 하더라도 그것은 하나와 동일하지 않은 것으로 보일 것이며, 모든 것은 하나 이상이 될 테니까 말일세.

테아이테토스 그렇습니다.

c 손 님 게다가 만일 '있는(…인) 것'이 하나의 상태를 겪음으로써 전체는 아니지만 전체 자체는 있는 것이라면, '있는(…인) 것'은 자기 자신을 결여하게 될 것이네.

테아이테토스 그렇고말고요.

손 님 그리고 이 논의에 의해서도 '있는(…인) 것'은 자기 자신을 결여하고 있으므로 있지(…이지) 않은 것으로 될 걸세.

테아이테토스 그렇습니다.

손 님 그리고 '있는(…인) 것'과 전체는 따로따로 저마다의 고유한 본성(idia physis)을 지녔으므로 모든 것은 다시금 하나 이상으로 되네.

테아이테토스 예.

손 님 반면 전체가 전혀 있지 않다면, '있는(…인) 것' 에는
d 이와 똑같은 일[94]이 일어나며, 또한 그것은 있지(…이지) 않다는 것 이외에도 도대체 '있는(…인) 것' 으로 될 수도 없을 것이네.

테아이테토스 어째서죠?

손 님 생성된 것은 언제나 전체로 된 것이네. 그러므로 전체를 '있는(…인) 것들' 가운데 포함시키지 않는다면, 존재(ousia)[95]도 생성(genesis)도 있다고 말해서는 안 되네.

테아이테토스 물론 그런 것 같습니다.

손 님 나아가 전체가 아닌 것은 얼마만큼의 양을 갖는 어떤 것이어서도 안 되네. 왜냐하면 만일 양(poson)을 갖는 어떤 것이라면 그게 얼마만큼의 양이건 간에, 그것은 반드시 그만큼의 양을 갖는 전체여야 하니 말일세.

테아이테토스 분명히 그렇습니다.

손 님 그러니까 누가 '있는(…인) 것' 을 두 개의 어떤 것이
e 라고 하건 단지 하나뿐이라고 하건, 그렇게 말하는 사람에게는 그 밖의 수많은 문제들이 각기 수없는 어려

---

94) 이것은 245c5의 " '있는(…인) 것' 이 자기 자신을 결여하고 있다" 를 가리킨다.

95) ousia는 여기서 생성의 결과로서의 존재(genesis eis ousian)를 의미한다(F. M. Cornford, 앞의 책, 227쪽 옮긴이 주[2] 참조).

움들을 지니고 나타날 것이네.

테아이테토스 방금 선뵌 문제들도 대개 그 점을 분명히 하고 있습니다. 왜냐하면 하나의 문제는 다른 문제와 연결되어 있어서, 그 하나하나는 언제나 이전에 언급된 것들과 관련해 더 크고 심한 혼란을 가져오기 때문입니다.

손 님 이제 우리는 '있는(…인) 것'과 '있지(… 이지) 않은 것'에 관해 정확히 논의하는 모든 사람들을 상세히 훑어본 것은 아니지만, 그렇더라도 이것으로 충분하다고 해두세. 그러나 우리는 그 문제를 다른 방식으로 설명하는 사람들을 주목해야 하네. 이는 '있지(…이지) 않은 것'보다 '있는(…인) 것'과 관련해 그게 도대체 무
246a 엇인지를 말하는 것이 결코 더 쉽지 않다는 것을 우리가 모든 측면에서 볼 수 있도록 하기 위해서이네.

테아이테토스 그렇다면 또한 그렇게 설명하는 이들로도 나아가야 합니다.

손 님 자, 실로 이들 사이에는 존재(ousia)에 관한 서로간의 논란 때문에 이를테면 '신들과 거인족 간의 싸움'(gigantomachia tis)[96]과 같은 것이 있는 듯하네.

---

96) 우라노스가 아들인 크로노스에 의해 생식기를 절단당했을 때 흐른 피가 가이아에 떨어져 태어난 자식들이 Gigantes(거인족들)이다. 크로노스를 비롯한 티타네스가 타르타로스에 갇히게 되자 가이아가 '거인족들'을 부추겨 제우스를 비롯한 올림포스 신들에게 도전케 하는데, 이들 사이의 싸움을 gigantomachia(신들과 거인족 간의 싸움)라 일컫는다(박종현 옮김, 앞의 책, 169쪽, 378c 주석 참조). 여기서 이것은 '형상의 친

테아이테토스 어떻게요?

손 님 어떤 사람들은 말 그대로 바위와 떡갈나무를 손으로 잡고 모든 것을 천상의 보이지 않는 데에서 지상으로 끌어내린다네. 왜냐하면 그들은 그와 같은 모든 것에 매달려 물질(sōma)과 존재(ousia)를 동일한 것으로 규정함으로써 이것, 즉 다가갈 수 있고 만질 수 있는
b 것만이 존재한다고 확언하는데, 만일 다른 이들 가운데 누가 물질을 지니지 않은 것이 있다고 말한다면 그를 완전히 얕잡아보면서 다른 말은 전혀 들으려 하지 않기 때문이네.

테아이테토스 선생님께서는 무서운 사람을 말씀하셨습니다. 저도 이미 그들 가운데 많은 이들을 만난 적이 있습니다.

손 님 그러므로 이들에 대해서 반론을 펴는 사람들은 어딘가 천상의 보이지 않는 곳에서 조심스럽게 자신을 변호하면서 '지성에 알려지는 비물질적인 어떠한 형상들' (noēta atta kai asōmata eidē)이 참된 존재(alēthinē ousia)라고 우기네. 그러나 저들의 물체들과 그
c 들이 진리라고 하는 것을 이들은 그들의 논의에서 조금씩 분쇄하여 그걸 존재라고 하는 대신 '운동 중에

구들' 과 유물론자들 간의 대결에 빗대어 한 말이다. 즉 뒤엣것은 가시적인 물체를 존재(ousia)로 생각하는 이오니아의 자연철학자들이나 원자론자들 및 이른바 유물론자들을 포함한다. 이에 대하여 앞엣것은 불변의 비가시적인 형상을 존재라고 생각하는 피타고라스 학파나 파르메니데스를 비롯한 엘레아 학파를 포함하고 있다.

있는 일종의 생성'이라 부르네. 그런데 테아이테토스, 이들 양진영 사이에서는 언제나 이런 문제들을 둘러싼 거대한 싸움이 계속되고 있네.

테아이테토스 맞습니다.

손 님 그러면 우리는 이 양쪽 부류의 사람들한테서 차례로 그들이 존재라고 내세우는 것에 관한 설명을 요구해 보세나.

테아이테토스 그러면 어떻게 요구할까요?

손 님 그걸 형상들에 놓는 이들한테서가 한결 수월할 거야. 왜냐하면 그들은 한결 온건한 사람들이니까. 그러나 모든 것을 억지로 물질로 끌어내리는 이들한테서는
d 한층 더 어려울 테고, 아마 거의 불가능할지도 몰라. 하지만 내가 보기에 그들에 관해서는 다음과 같이 해야만 하네.

테아이테토스 어떻게요?

손 님 어떻게든 그것이 가능하다면, 가장 잘하는 일은 실제로 그들을 한층 더 훌륭한 이들로 만드는 것이네. 하지만 만일 이것이 불가능하다면, 우리는 그들을 지금보다 한결 더 합당하게 대답하려는 이들이라고 가정함으로써 말로나마 더 훌륭한 이들로 만들어보세나. 더 훌륭한 이들 사이의 합의는 더 못한 이들 사이의 합의보다도 더 권위가 있으니까. 그러나 우리는 이들에 개의치 않네. 오히려 우리가 추구하는 것은 진리니까 말일세.

e 테아이테토스 지당하신 말씀입니다.

손 님 그러면 더 훌륭한 이들로 된 사람들이 자네에게 대답하도록 하고, 자네는 그들의 대답을 전달하도록 하게.

테아이테토스 그렇게 하죠.

손 님 그들이 사멸하는 어떤 동물이 있다고 주장하는지 대답하게 하세.

테아이테토스 물론 그럴 겁니다.

손 님 그런데 그들은 이것이 혼을 지닌 물질이라는 데 동의하지 않겠나?

테아이테토스 그야 동의하죠.

손 님 그들은 혼을 '있는(…인) 것들' 가운데 하나로 놓으면서 그렇게 하겠지?

247a 테아이테토스 예.

손 님 그리고 다음은 어떤가? 올바른 혼과 올바르지 않은 혼이 있으며, 또 슬기로운 혼과 어리석은 혼도 있다고 그들은 말하지 않겠나?

테아이테토스 물론입니다.

손 님 그런데 그것들 각각의 혼이 올바르게 되는 것은 '올바름을 소유함으로써 그것이 그 안에 나타나기 때문이며' (dikaiosynēs hexei kai parousia), 또 이와 반대로 되는 것은 반대의 것들을 소유함으로써 그게 그 안에 나타나기 때문이 아닐까?

테아이테토스 예, 그들은 이에 대해서도 동의합니다.

손 님 하지만 그들은 어떤 것에 나타날 수 있거나 사라질 수 있는 무엇이 어느 경우에든 있다고(pantōs einai) 말할 것이네.

테아이테토스 그렇습니다.

b 손　님 그렇다면 올바름(dikaiosynē)과 슬기(phronēsis), 그리고 그 밖의 다른 훌륭함(aretē) 및 그와 반대되는 것들이, 더 나아가 이런 것들이 그 안에 생기는 그런 혼이 있다면, 그들은 이것들 가운데 어떤 것이 볼 수 있고 만질 수 있는 것이라고 말하는가, 아니면 모든 것이 다 볼 수 없는 것이라고 말하는가?

테아이테토스 이것들 가운데 어떤 것도 거의 볼 수 있는 것이 아닙니다.

손　님 그러나 이런 것들에 관해서는 어떤가? 그들은 그것들이 일종의 물질을 지닌다고 주장하는가?

테아이테토스 그들은 더 이상 이 물음에 대해서 모두 한결같이 대답하지는 않지만, 그들에겐 혼 자체가 일종의 물질을 소유한 것으로 보인다고 말하죠.[97] 하지만 슬기나 선생님께서 물으신 그 밖의 것들 하나하나에 대해 그들은
c 그것들이 '있는(…인) 것들' 가운데 어떤 것도 아니라고 동의하거나 모두가 물질이라고 우길 염치를 갖고 있지는 못하죠.

손　님 테아이테토스, 실로 우리한테서 그들은 분명히 훌륭

97) 혼은 플라톤 이전에는 통상 그리고 철학자들에 의해서 눈으로 볼 수 없는 미세한 물질로 구성된 것으로 여겨졌다. 원자론자들은 줄기차게 그것이 다른 사물들처럼 원자들로 구성되었다고 주장했다.

한 이들로 되었네. 이들 가운데서도 씨가 뿌려져 땅에서 자라난 자들[98]은 이런 주장들 중 어느 하나도 마다하기는커녕, 오히려 두 손으로 꽉 잡을 수 없는 것은 무엇이든 그건 전혀 아무것도 아니라고(있지 않다고) 끝까지 주장할 테니까 말일세.

테아이테토스 선생님께선 그들이 생각하고 있는 것들을 대충은 말씀하셨습니다.

손 님 그렇다면 한 번 더 그들한테 물어보기로 하세. 왜냐하면 아무리 작더라도 '있는(…인) 것들' 가운데 어떤 것이 비물질적이라는 걸 그들이 인정하려 한다면, 〔우
d 리에겐〕 그것으로서도 족하니까 말일세. 왜냐하면 이것들과 함께 물질을 지닌 저것들에 본성상 있는 것을 보고서 그들은 그 양자가 '있다(…이다)' 고 주장하는데, 바로 이것을 그들로서는 말해야 하기 때문이네. 그래서 아마도 그들은 당혹해할 것이네. 만일 그들이 그런 처지에 있었을 경우 우리가 어떤 제안을 했다면, 그들이 '있는(…인) 것' 이 다음과 같은 것임을 받아들이고 동의하려 할지 살펴보게.

테아이테토스 그게 어떤 건지 말씀해주세요. 그러면 우리는 곧 알게 될 겁니다.

---

98) 카드모스가 자신의 측근들을 죽인 용을 퇴치하고 그 이빨들을 땅에 뿌렸더니 땅에서 무장한 자들이 태어났는데, 이들이 땅에서 자라난 자들이다.

손 님 어떤 힘(능력, dynamis)[99]을 지닌 것, 그게 본성상 다른 어떤 것에 작용을 미치는(poiein) 것이건, 매우 하찮은 것에 의해 몹시 적게 단 한 번만이라도 겪는
e (pathein) 것이건, 이런 것을 다 나는 '참으로 있(…이)다' (ontōs einai)고 주장하네. 왜냐하면 나는 '있는(…인) 것들' 을 규정하는 징표(horos)를 '힘' 이외의 다른 어떤 것이 아니라고 놓고 있으니까 말일세.

테아이테토스 한데 정녕 그들 자신이 지금 이것보다 더 훌륭한 것을 말할 수 없을진대, 그들은 이것을 받아들이죠.

손 님 훌륭하이. 왜냐하면 아마 나중에 우리와 그들에게 또
248a 다른 것이 나타날지도 모르니까 말일세. 하지만 지금은 이것을 이들과 합의한 것으로 해두세.

테아이테토스 그렇게 하죠.

손 님 다른 부류의 사람들, 즉 '형상의 친구들' 한테 가기로 하세. 그리고 자네가 이들 편의 주장을 우리에게 전해 주도록 하게.

테아이테토스 그러겠습니다.

손 님 "여러분께선 아마도 한편으론 생성을 다른 한편으로는 존재를 따로 분리해서 말씀하시는군요? 그렇지요?"

테아이테토스 "그렇습니다."

---

99) dynamis는 어떤 것에 작용을 미치는 능동적인 힘 및 어떤 것에서 겪는 수동적인 힘을 다 포함한다. 이를테면 내 손의 온기는 돌에 작용을 미쳐 그걸 따뜻하게 한다. 하지만 그건 또한 얼음에 의해 겪게 되어 차게 된다.

손 님 “또한 우리가 생성과 관계하는 것은 몸에 의한 ‘감각’(aisthēsis)을 통해서이지만, 참된 존재와 관계하는 것은 혼에 의한 ‘논구’(logismos)[100]를 통해서인데, 이 참된 존재는 ‘언제나 똑같은 방식으로 한결같은 상태로 있지만’(aei kata tauta hōsautōs echein), 생성은 ‘그때마다 다른 상태로 있다’(allote allōs)고 여러분은 주장하십니다.”[101]

b 테아이테토스 “그렇게 주장하죠.”

손 님 “그런데 ‘관계한다’(koinōnein)는 말과 관련해서, 훌륭하디 훌륭한 분들이여, 우리는 여러분께서 이 말을 양쪽 경우에 어떤 의미로 사용하고 있다고 말해야 할까요? 그러니까 그건 방금 우리 편에서 언급한 것이 아닌가요?”

테아이테토스 “어떤 걸 두고 하시는 말씀인가요?”

손 님 “어떤 힘에 의해 서로 마주치는 것들로부터 오는 ‘작용을 겪은 상태들’(pathēma)이나 ‘작용을 미친 상태들’(poiēma)을 말씀하시는 겁니다.”[102] 테아이테토

100) logismos는 ‘셈’, ‘헤아림’, ‘논리적인 추론’ 등을 뜻한다.

101) 여기서 언급된 대비되는 두 인식은 두 대상영역, 즉 비가시적인 지적인 형상들과 감각적 지각의 가시적 대상들에 상응한다. 이런 구별은 『파이돈』 79a와 『국가』 544a에도 보인다.

102) pathēma는 ‘수동적인 상태’를 poiēma는 ‘능동적인 상태’를 뜻하는 말이다. ‘수동적인 상태’나 ‘능동적인 상태’는 경우에 따라 여러 가지일 수 있다.

스, 아마도 자네는 이것들에 대한 그분들의 대답을 곧장 알아차리지 못하겠지만, 나는 익숙하기 때문에 어쩌면 알아차릴 걸세.

테아이테토스 그분들께선 어떤 말씀을 하십니까?

c 손 님 그분들은 존재와 관련해서 땅에서 태어난 부류들에 대해 우리가 방금 한 언급에 동의하지 않는다네.

테아이테토스 어떤 걸 말씀하시는 겁니까?

손 님 어떤 것에 아주 사소한 것에 대해서라도 작용을 겪거나 미치는 힘이 나타났을 때, 우리는 그걸 '있는(…인) 것들'에 대한 충분한 징표로 놓았네.

테아이테토스 그렇습니다.

손 님 그분들은 이것들에 대해서 다음과 같이, 즉 "생성은 작용을 겪거나 작용을 미치는 힘에 관여한다"고 대답하지만, 이 힘들 가운데 어느 쪽도 존재와 어울릴(harmottein) 수 없다고 말씀하시네.

테아이테토스 그렇다면 그분들께선 무슨 뜻으로 하신 말씀인가요?

손 님 그야 그분들이 혼은 '알지만'(인식하지만, gignōskein)
d 존재는 '알려진다'(인식된다, gignōskesthai)고 동의하는지를 그분들한테서 한층 더 분명히 듣길 바란다고 우리로서는 대답해야만 한다는 것이지.

테아이테토스 그분들도 확실히 그걸 말씀하십니다.

손 님 한데 "다음은 어떤가요? 여러분께선 '안다'(인식한다)는 것이나 '알려진다'(인식된다)는 것이 작용을 미치는 것이라고 주장하시나요, 아니면 작용을 겪는 상태라고 주장하시나요, 아니면 그 양쪽 다라고 주장하시나요? 또는 한쪽은 작용을 겪는 것이고, 다른 쪽은 다른 것인가요? 아니면 그 어느 것도 이것들 중 어느 것과도 전혀 관계가 없나요?"

테아이테토스 분명히 그 어느 것도 어느 것과 관계가 없습니다. 그렇지 않다면 그들은 전에 말한 것과 모순되는 말을 하게 될 테니까요.

손 님 알겠네. 적어도 그들은 이렇게 말할 걸세. 즉 "정녕 안다(인식한다)는 것이 어떤 작용을 미치는 것일진대,
e 알려지는 것(인식되는 것) 또한 반드시 작용을 겪게 될 수밖에 없습니다. 이런 이치에 의하면 인식에 의해 알려지는 존재는 그게 알려지는 한 그만큼 우리가 정지와 관련해선 일어날 수 없다고 한 겪음에 의해 운동하게 됩니다."

테아이테토스 옳습니다.

손 님 한데 신에 맹세코 다음은 어떤가? 우리는 실제로 운동(kinēsis)과 생명(zōē)과 혼(psychē)과 슬기(phronēsis)[103]가 '완벽하게 있는 것'(tō pantelōs

103) 여기서 '슬기'로 옮긴 phronēsis는 경우에 따라서 '사려분별' 및 '지혜'로도 옮길 수 있다. 이 말은 플라톤에게 있어 대개의 경우 sophia와 같은 의미로 쓰인다. 아리스토텔레스는 이것을 '철학적 지혜'(sophia) 및 지식(epistēmē)과 구별하여서 '실천적 지혜'의 뜻으로 쓰고 있다. 플라톤의 경우 철학적 인식은 동시에 실천적 지혜가 되기 때문에 phronēsis와 sophia는 이처럼 교체적으로 쓰인다.

onti)[104]에는 나타나지 않는다고, 즉 그건 살아 있지도
249a 않고 분별을 지니지도 않은 것이지만, 지성을 지니지 않은 채 엄숙하고 신성하게 부동(不動)으로 서 있다고 쉽게 설득될 수 있을까?

테아이테토스 손님이시여, 그렇다면 우리는 무서운 주장에 동의한 것일 테죠.

손 님 그러나 우리는 그게 지성(nous)은 지니고 있지만 생명(zōē)은 갖고 있지 않다고 말할 수 있을까?

테아이테토스 어찌 그럴 수 있겠습니까?

손 님 한데 우리가 이 두 가지 것이 그것 안에 있다고 말한다면, 우리는 그게 혼(psychē) 안에 그것들을 지니고 있지 않다고 주장할 수 있을까?

테아이테토스 그게 달리 어떻게 그것들을 지닐 수 있겠습니까?

손 님 하지만 그게 지성과 생명과 혼을 갖고 있다면, 우리는 그게 살아 있는데도 그야말로 부동의 상태로 서 있다고 말할 수 있을까?

b 테아이테토스 제가 보기에 이것들은 모두 다 불합리합니다.

손 님 또한 우리는 운동하게 되는 것(to kinoumenon)과 운동(kinēsis)도 '있는 것들(onta)' 이라고 합의해야만 하네.

테아이테토스 물론입니다.

---

104) '완벽히 존재하는 것' 은 존재의 전체 세계를 뜻한다. 따라서 249d에서 보듯 '존재 와 만물' 은 일체의 운동하지 않는 것과 일체의 운동하는 것을 다 포함한다.

손 님 그렇다면 테아이테토스, 모든 것이 운동하지 않는다면,[105] 지성은 어떤 것 안에도 어떤 것과 관련해서도 어디에도 없게 되네.

테아이테토스 그렇고말고요.

손 님 물론 또한 모든 것이 옮겨지고 운동한다고 우리가 합의한다면, 우리는 이 주장에 의해서도 마찬가지로 이 동일한 것을 '있는(…인) 것들'에서 배제할 걸세.

테아이테토스 왜죠?

손 님 자넨 '동일하게 한결같은 방식으로 동일한 것과 관련
c 하여 있는 것'이 정지(stasis)와 분리해서 어느 땐들 있으리라고 보는가?

테아이테토스 결코 있을 수 없습니다.

손 님 그런데 다음은 어떤가? 이것들 없이도 자네는 지성이 어딘가에서 있거나 생겨나는 것을 볼 수 있는가?

테아이테토스 그건 불가능하죠.

손 님 그리고 우리는 인식(epistēmē)이나 슬기(phronēsis)나 지성(nous)을 없애고서 어떤 것과 관련해 어떻게든 억지부리는 사람이 있다면, 이 사람에 맞서서 모든 논의를 동원해 싸워야만 하네.

테아이테토스 그야 물론이죠.

손 님 특히 이 모든 것을 존중하는 철학자로서는 이런 이유로 해서 하나의 형상이나 여러 형상을 주장하는 이들

---

105) akinētōn te ontōn <pantōn>으로 읽었다.

d 한테서 모든 것(만물, to pan)이 정지해 있다는 것을 받아들여서도 안 되며, 또한 '있는(…인) 것'을 어떻게든 운동하게 하는 이들에게 조금도 귀기울여서도 안 되네. 오히려 어린애들의 소망처럼 '있는(…인) 것'과 모든 것(만물)은 일체의 운동하지 않는 것들과 일체의 운동하는 것들 둘 다라고 말해야만 할 것 같네.[106]

테아이테토스 지당하십니다.

손 님 그럼 다음은 어떤가? 그러니까 지금 우리는 논의를 통해 '있는(…인) 것'을 잘 에워싼 것으로 보진 않는가?

테아이테토스 물론입니다.

손 님 아, 저런, 테아이테토스, 내가 보기에 우리는 '있는(…인) 것'에 관한 탐구의 어려움(aporia)을 이제야 알게 된 것 같으이.

e 테아이테토스 선생님께선 왜 그리고 무슨 뜻으로 다시 이런 말씀을 하시는 거죠?

손 님 순진한 친구, 자네는 우리가 지금 그것에 관해 완전히 무지한 상태에 있는데도, 우리가 자신에게 뭔가를 말하는 것처럼 여긴다는 걸 알지 못하는가?

테아이테토스 적어도 제겐 그렇게 여겨지는데요. 하지만 어떻게 해서 우리가 자신도 모르는 사이에 그런 상태에 처하게 되었는지 저로서는 전혀 알 수가 없습니다.

---

106) 이 언급에서 보듯 플라톤은 '형상의 친구들'도 '유물론자들'도 다 비판한다.

손 님 합의에 이른 우리로서는 모든 것(만물)이 온과 냉이
250a 라고 주장하는 사람들에게 우리 자신이 전에 했던 것과 똑같은 질문을 의당 받을 수 있는지를 한층 더 분명히 살펴보게.

테아이테토스 어떤 질문인데요? 제게 상기시켜주세요.

손 님 물론이지. 나는 그때 그들에게 했던 것처럼 자네한테도 질문함으로써 그러려고(상기시키려고) 노력할 걸세. 그렇게 하면 동시에 우리는 조금이라도 진척을 보일 수 있으니까 말이야.

테아이테토스 옳은 말씀입니다.

손 님 좋으이. 그러니까 자네는 '운동'(kinēsis)과 '정지'(stasis)가 서로 가장 대립된다고 보지 않는가?

테아이테토스 그야 물론이죠.

손 님 더 나아가 자네는 이것들 둘 다가, 그리고 그것들 하나하나가 마찬가지로 '있다(…이다)'고 말하는가?

b 테아이테토스 예.

손 님 그렇다면 자네가 그것들이 '있다(…이다)'는 걸 인정할 때, 자넨 둘 다가, 그리고 그것들 하나하나가 운동한다는 걸 말하는가?

테아이테토스 결코 그건 아닙니다.

손 님 오히려 이것들 둘 다가 '있다(…이다)'고 말함으로써 자네는 그것들이 정지해 있다는 것을 지시하는(sēmainein) 건가?

테아이테토스 어찌 그럴 수 있겠습니까?

손 님 그렇다면 자네는 '있는(…인) 것'을 이것들 이외의 세 번째 것으로 염두에 두고 정지와 운동이 '있는(…인) 것'에 의해 포괄되는 것으로 파악하거니와,[107] 그것들이 '존재와 결합'(hē tēs ousias koinōnia)하는 걸 주목함으로써 그렇게 둘 다가 '있다(…이다)'고 말하는 건가?

c 테아이테토스 우리가 운동과 정지가 '있다(…이다)'고 말할 때, 우리는 아마도 '있는(…인) 것'을 참으로 세번째 것으로 예상한 듯합니다.

손 님 그러니까 '있는(…인) 것'은 운동과 정지 어느 것도 아니고 이것들과는 다른 어떤 것(heteron ti)이네.

테아이테토스 그런 것 같군요.

손 님 그렇다면 '있는(…인) 것'은 그것 자체의 본성에 의할진대 정지해 있지도 운동하지도 않네.

테아이테토스 아마 그럴 겁니다.

손 님 그것(있는 것)과 관련해 자신한테서 분명한 어떤 것을 확립해두려는 이는 생각을 어디로 돌려야 할까?

테아이테토스 정말로 어디로 돌려야 할까요?

손 님 어디에도 더 이상 쉽게 돌릴 만한 곳이 없을 것 같네. 왜냐하면 어떤 것이 운동하지 않는다면, 그게 어떻게
d 정지해 있지 않을 수 있었겠는가? 또는 어떻게든 정지해 있지 않은 것이 어떻게 다시 운동하지 않을 수

107) periechomenēn syllabōn을 함께 읽었다.

있겠는가? 하지만 지금 우리에겐 '있는(…인) 것' 이 이 두 가지 것 바깥에 있는 것으로 드러났네. 그런데 이게 대체 가능한 일일까?

테아이테토스 그야 절대로 불가능한 일이죠.

손 님 그렇다면 이런 문제들에서 의당 이걸 기억해야 하네.

테아이테토스 어떤 건데요?

손 님 '있지(…이지) 않은 것' 이라는 이름을 도대체 무엇에 적용해야 하는가 라는 질문을 받았을 때, 우리가 그야 말로 당혹해했던 걸 자넨 기억하는가?

테아이테토스 물론이죠.

e 손 님 그렇다면 지금 우리는 '있는(…인) 것' 과 관련해서 그보다는 덜 당혹해하는가?

테아이테토스 손님이시여, 가능하다면, 제가 보기엔 우리가 한층 더 크게 당혹해하고 있는 것 같은데요.

손 님 그렇다면 여기서는 이걸 해결해야 할 문제라고 하세. 그러나 '있는(…인) 것' 과 '있지(…이지) 않은 것' 은 똑같이 어려운 문제이므로, 이제 그것들 가운데 하나가 한층 더 막연하든 한층 더 분명하든 나타나는 것처럼 또한 그렇게 다른 하나도 나타나리라는 바람이 있
251a 을 걸세. 그리고 만일 우리가 어느 것 하나라도 볼 수 없다면, 적어도 우리는 할 수 있는 한 가장 예의바르게 그처럼 이 둘 사이에서 동시에 논의를 밀고 나갈 걸세.

테아이테토스 훌륭한 말씀입니다.

손 님 우리가 대체 어떤 방식으로 그때마다 이 동일한 것을 여러 이름으로 부르는지 이야기해보세.

테아이테토스 이를테면 어떤 건데요? 예를 들어주세요.

손 님 우리는 확실히 어떤 사람에 대해서 여러 이름으로 부르면서 말하네. 즉 우리는 그에게 색이나 모양, 크기, 그리고 나쁨과 훌륭함을 속하게 하는데, 이 모든 것들과 다른 많은 것들에서도 우리는 그가 단지 사람이
b 라고 말하는 것만이 아니라 훌륭하다느니 또는 다른 수많은 말들을 하거니와, 또한 그 밖의 것들에 대해서도 같은 이치로 그렇게 각각의 것을 하나로 가정하고서 다시금 그것을 여럿으로, 그리고 여러 이름으로 말하네.[108]

테아이테토스 맞습니다.

손 님 이 때문에 나는 우리가 젊은이들 및 노인들 가운데서도 더디 배우는 사람들[109]에게 연회를 마련한 것으로 생각하네. 왜냐하면 여럿이 하나일 수 없고, 하나가 여럿일 수 없다고 대뜸 반박하는 것은 누구에게나 쉬운 일이며, 그래서 그들은 '사람이 선하다' 보다는 '선

108) 플라톤은 이렇게 하나와 여럿의 형식에서 제기될 수 있는 존재론적 문제를 기술하며, 이것을 앞으로 논의될 '형상들의 엮음' 에 의해 해결하려 한다.

109) 일반적으로 학자들 사이에서는 안티스테네스를 지적하는 것으로 받아들여지지만, 에우티데모스나 디오니소도로스 형제를 염두에 둔 말인지도 모른다(F. M. Cornford, 앞의 책, 254쪽 참조).

c 이 선하다' 거나 '사람이 사람이다' 라고 말하게 하길
확실히 반길 테니까 말일세. 테아이테토스, 내가 알기
에 자네는 그와 같은 것들에 열의를 보이는 사람들을
자주 만난 듯싶은데, 이들은 나잇살이나 먹었으면서
도 지혜를 적게 지닌 탓에 때로는 그와 같은 일들에
놀라워하고, 바로 이것에서 어떤 완벽한 지혜라도 찾
아낸 양 생각하네.

테아이테토스 그야 물론이죠.

손 님 그러니까 우리의 논의가 언젠가 존재(ousia)와 관련
d 해서 뭔가 논의했던 모든 사람들을 상대로 한 것이 되
도록, 이들뿐만 아니라 이전에 우리가 논의했던 다른
모든 이들을 상대로 이제 질문의 형식으로 언급될 것
들이 있다고 하세.

테아이테토스 어떤 것들인데요?

손 님 우리는 존재를 운동과 정지에, 또한 다른 어떤 것을
다른 어떤 것에 결부시키지(prosaptein) 않고, 오히
려 그것들을 섞이지 않은 것들(ameikta)과 서로 관여
할(metalambanein) 수 없는 것들로서 그렇게 우리
의 논의에 놓아야 할까? 아니면 우리는 그 모든 것을
서로 결합할(epikoinōnein) 수 있는 것들로서 동일
한 하나로 모아야만 할까? 아니면 어떤 것들은 결합
할 수 있지만 다른 어떤 것들은 그럴 수 없는가? 테아
e 이테토스, 우리는 그들이 도대체 이것들 가운데 어떤
것을 선택할 거라고 말할 텐가?

테아이테토스 저는 그들을 대신해서 이 질문에 대해 아무런 대답도 할 수 없군요.

손 님 그렇다면 자네는 어째서 하나씩 대답하면서 각각의 경우에 어떤 결과들이 나오는지 살펴보지 않는가?

테아이테토스 훌륭한 말씀입니다.

손 님 그리고 만일 자네가 괜찮다면, 우선 그들은 어떤 것도 어떤 것과 관련하여서든 다른 어떤 것과도 결합(koinōnia)할 어떤 힘(능력, dynamis)도 갖고 있지 않다고 주장한다고 가정하세. 그렇다면 운동과 정지는 결코 존재에 관여하지(methexeton) 않겠지?

252a 테아이테토스 관여하지 않을 겁니다.

손 님 다음은 어떤가? 만일 그것이 존재에 관여하지 않는다면, 그것들 가운데 어떤 것이 있을 수 있을까?

테아이테토스 있지 않을 겁니다.

손 님 이렇게 합의를 봄으로써 벌써 모든 것은 '모든 것(만물)을 운동하게 하는 이들'에서도, '모든 것(만물)을 하나로서 정지시켜놓은 이들' 및 형상에 따라 '있는(…인) 것들'은 언제나 한결같이 동일한 상태에 있는 것이라고(einai) 주장하는 사람들에서도 동시에 뒤집혀버린 듯하네. 왜냐하면 어떤 이들은 실제로 운동하고 있다고 말하되, 어떤 이들은 실제로 정지해 있다(einai)고 말함으로써 이들 모두는 적어도 '있다(…이다, einai)'를 덧붙이니까 말일세.

테아이테토스 그렇고말고요.

b 손 님 그리고 더 나아가 어떤 때는 모든 것(만물)을 모으지만 어떤 때는 나누는 모든 사람들은, 그들이 무한한 것들을 하나로 모아서 하나로부터 나누건, 또는 한도를 지닌 요소들로 나누어서 이것들로부터 모으건 간에, 그들이 이 일이 교대로 일어난다고 생각하든 또한 언제나 일어난다고 생각하든 간에 정작 아무런 결합(symmeixis)도 없다면, 이 모든 것들과 관련해서 전혀 무의미한 말을 할 걸세.[110)]

테아이테토스 옳습니다.

손 님 더 나아가서 어떤 것이 다른 것의 성질(pathēma heterou)과 결합함으로써 다른 것으로 불리는 걸 허용하지 않는 자들은 스스로 무엇보다도 가장 어리석게 그 주장을 좇아갈 걸세.[111)]

c 테아이테토스 어째서죠?

손 님 그들은 아마도 모든 것과 관련하여서 "있다(…이다)"(einai), "따로이"(chōris), "다른 것들로부터"(tōn allōn), "그 자체로"(kath' auto) 및 그 밖의 수많은 다른 말들을 사용하지 않을 수 없는

---

110) 여기서는 무한한 것을 하나로 모아서 하나로부터 나누는 이를테면 아낙시만드로스와, 사물을 한도를 지닌 요소들로 나누어 이것들로부터 모으는 자들, 이를테면 결합과 분리가 번갈아 일어난다고 하는 엠페도클레스 및 동시에 언제나 일어난다고 하는 헤라클레이토스를 비판한다.

111) 여기서 이제 '사람이 선하다' 보다는 단지 '선이 선하다' 거나 '사람이 선하다' 라고만 말해야 한다는 주장은 비판된다.

데,[112] 그들은 그런 말들의 사용을 자제하거나 논의 가운데 그것들을 결부시키지 않을 힘이 없기 때문에 그들을 논박할 다른 이들을 필요로 하지 않지만, 속담 마따나 반대하는 적을 집안에 두고 있으며 놀라운 에우리크레스[113]처럼 안으로부터 낮은 소리로 속삭이는 자 주변을 줄곧 맴돌면서 다니네.

d 테아이테토스 선생님 말씀은 아주 유사하며 진실입니다.

손 님 우리는 모든 것들이 서로간에 결합할 힘(dynamis epikoinōnias)을 갖도록 허용하면 어떨까?

테아이테토스 이건 저도 해결할 수 있죠.

손 님 어떻게?

테아이테토스 운동과 정지가 서로 잇달아 일어난다면 운동 자체는 완전히 정지하게 될 것이고, 정지 자체도 다시 운동하게 될 테니까요.

손 님 그러나 적어도 이것, 즉 운동이 정지하고 정지가 운동한다는 것은 확실히 있을 수 없는 일이겠지?

테아이테토스 그야 물론이죠.

손 님 남은 것은 세번째 것뿐이군.

테아이테토스 예.

---

112) 이들은 어떤 것을 다른 모든 것에서 분리시켜, 그것을 그것 자체로만 이야기하기 위해서는 '그것은 다른 것들로부터 따로이 그것 자체로만 있다' 고 말할 수밖에 없지만, 그렇게 말함으로써 그들은 거기에 다른 많은 것들을 결부시켜 자기모순에 빠진다.

113) 아리스토파네스에 의해서 언급된 복화술사이다.

e 손 님. 그리고 그것은 적어도 모든 것들은 결합하려(symmeignysthai) 한다거나, 또는 아무것도 결합하려 하지 않는다거나, 아니면 어떤 것은 결합하려 하지만 어떤 것은 결합하려 하지 않는다거나 하는 세 가지 것 가운데 하나일 수밖에 없네.

테아이테토스 물론이죠.

손 님 그리고 실로 두 가지는 불가능한 걸로 밝혀졌네.

테아이테토스 그렇습니다.

손 님 그러니까 옳게 대답하려는 사람은 누구나 그 세 가지 것 가운데 남은 하나를 상정할 걸세.

테아이테토스 그렇고말고요.

손 님 그래서 어떤 것들은 이것(결합)을 하려 들지만 어떤 것들은 하려 들지 않는다면, 그것들은 거의 문자들의
253a 경우와 마찬가질 걸세. 왜냐하면 이 문자들 가운데서도 어떤 것들은 서로 결합하지 않지만 어떤 것들은 서로 결합하니까 말일세.

테아이테토스 물론입니다.

손 님 그런데 모음(母音)들[114]은 다른 것들보다도 각별히 마치 끈(desmos)처럼 모든 것을 관통하며, 그리하여 그 모음들 가운데에서 어떤 하나가 없이는 다른 문자들에서도 어떤 것이 다른 어떠한 것과 결합하는(harmottein) 것은 불가능하네.

114) 이 모음들은 이를테면 존재, 동일성, 타자성과 같은 '가장 큰 형상들'(megista genē)을 상징한다.

테아이테토스 확실히 그렇습니다.

손 님 그렇다면 누구든 어떤 문자가 어떤 문자와 결합할 (koinōnein) 수 있는지를 알고 있는가, 아니면 장차 이를 능히 하려는 사람으로서는 기술을 필요로 하는가?

테아이테토스 기술을 필요로 하죠.

손 님 어떤 기술인데?

테아이테토스 문법술(grammatikē)입니다.

b 손 님 하지만 다음은 어떤가? 고음과 저음에 관해서도 그와 마찬가지 아닐까? 섞인 소리와 그렇지 않은 소리를 인식하는 기술을 지닌 자는 '시가(詩歌, 음악)에 능한 사람' (mousikos)[115]이지만, 그걸 이해하지 못하는 자는 '시가(음악)를 모르는 사람' (amousos)이겠지?

테아이테토스 그렇습니다.

손 님 그리고 우리는 다른 기술들 및 기술 없음의 경우에서도 그와 같은 다른 것들을 발견할 결세.

테아이테토스 물론입니다.

손 님 한데 다음은 어떤가? 우리는 유적형상들(ta genē)[116]

---

115) 헬라스인들에게 '시가에 능하거나 밝은 사람' (mousikos)은 곧 '교양 있는 사람' 이었다. 왜냐하면 본격적인 지혜에 대한 활동인 철학이 있기 이전의 헬라인들에게는 시가(mousikē)가 그들의 교양교육의 전부였기 때문이다.

116) genē는 genos의 복수형태로서 흔히 유 내지 종 및 형상으로 옮겨진다. 그러나 이 경우 옮긴이는 종적형상보다 상위의 형상이라는 의미에서 '유적형상' 으로 옮겼다

도 혼합(meixis)과 관련해 서로에 대해서 똑같은 상
태에 있다고 의견일치를 보았으므로, 유적형상들 가
운데에서 어떤 것들은 어떠한 것들과 어울리고
(symphōnein) 어떠한 것들은 서로 받아들이지
c (dechesthai) 않는지, 더 나아가 그것들이 혼합될
(symmeignysthai) 수 있도록 그것들 모두에 두루 걸
쳐서 그것들을 결합시키는 그런 어떤 것들이 있는지,
그리고 다시금 나눔들의 경우에서도 전체를 관통하는
나눔의 다른 원인이 있는지를 장차 제대로 보여주려
는 이는 반드시 어떠한 지식(학문)을 갖고서(met'
epistēmēs) 논의해나가야 하지 않겠는가?

테아이테토스 그야 물론 지식이 필요하죠. 그것도 아마 거의 가장 큰 지식 말씀입니다.

손 님 그렇다면 테아이테토스, 이번에도 우리는 이 지식을 무어라 불러야 할까? 아니면 우리는 신에 맹세코 자신도 모르는 사이에 자유인들의 지식(학문)[117]에 마주치게 되었는가, 그리고 아마도 우리는 소피스테스를 찾는 과정에서 그보다 먼저 철학자를 발견하게 되었는가?

테아이테토스 무슨 뜻으로 하는 말씀입니까?

d 손 님 유에 따라 나누고(kata eidē diaireisthai) 동일한 형

117) 플라톤은 '지혜를 사랑하는 자', 즉 철학자를 실리(實利)를 생각하는 장인 내지 기술자와는 다르다는 뜻에서 자유인으로 보고, 이 '자유인들의 지식'을 '변증술의 지식'이라고 한다.

상(tauton eidos)을 다른 것(heteron)으로, 다른 것을 동일한 것으로 생각하지 않는 것이 변증술의 지식(학문, hē dialektikē epistēmē)에 속하지 않는다고 설마 우리는 말하지 않겠지?

테아이테토스 예, 우리는 그것이야말로 변증술의 지식(학문)이라고 말할 겁니다.

손 님 그렇다면 적어도 이를 할 수 있는 사람은 각기 하나하나 분리되어 있는 많은 것들에 두루 걸쳐서 도처에 퍼져 있는 하나의 이데아를, 그리고 밖으로부터 하나의 이데아에 의해 포섭되는 서로 다른 많은 것들을,[118] 그리고 다시금 많은 전체적인 것들에 걸쳐 하나로 연결되어 있는 하나의 형상을, 그리고 완전히 따로따로 분리되어 있는 형상들[119]을 능히 식별할 수 있네. 그런

---

118) 콘포드는 이 구절이 『파이드로스』 265d3~5처럼 모음(synagōgē)에 관한 기술이라고 한다(F. M. Cornford, 앞의 책, 267쪽 참조). 즉 하나하나 분리되어 있는 많은 형상들이 있으며, 이것들은 하나의 이데아에 의해 모이게 될 종들이다. 그리고 이것들 모두에 두루 걸치는 하나의 이데아는 유적형상이며, 하나의 이데아가 많은 형상들에 두루 걸친다는 것은 유와 종의 구조적 관계를 보여주는 것이다. 이로부터 『파이드로스』 265d3~5에서의 '도처에 흩어져 있는 것들'과 '하나의 이데아'의 관계도 하위 종들과 유적형상의 관계이며, 그래서 모음은 형상의 영역에서의 탐구방식이다.

119) 콘포드에 의하면 이 구절은 나눔의 귀결들에 대한 언급이다. 즉 단일한 유적형상에 의해 포괄된 많은 형상들은 '완전히 분리되어 있다'. 나눔은 그것들의 차이를 밝힌다. 그것들은 더 이상 나눌 수 없는 것들이며

e 데 이것이야말로 어떤 경우에는 그 각각의 것들이 결합할 수 있되, 또 어떤 때는 결합할 수 없는지를 유에 따라 구별할 줄 아는 것이네.[120)]

테아이테토스 그렇고말고요.

손 님 그런데 내 생각으론 자넨 어쨌든 '변증술에 능하다는 것' (to dialektikon)을 순수하고(katharōs) 올바르게(dikaiōs) 철학하는 사람 이외의 다른 누구에게도 허용하지 않을 걸세.[121)]

테아이테토스 누가 어떻게 그것을 다른 사람에게 허용할 수 있겠습니까?

상호배타적이다. 즉 사람과 소가 동물과 결합하는 것처럼 사람은 소와 결합하지 않는다. '많은 전체적인 것들에 걸쳐(dí holōn pollōn) 하나로 연결되어 있는 하나의 형상' 은 이런 많은 형상들 과 대비된다. '전체들' 은 그 많은 형상들에 적용된다. 여기서 많은 형상들 각각은 그것의 부분들이 정의형식에 담기는 전체이다. 이를테면 '인간은 이성적 이족동물이다' . 이런 종속하는 전체들(인간, 소, 말 등)에 단일한 유적 형상(동물)은 걸쳐 있다(같은 책, 267~268쪽 참조).

120) 번역보다는 해석의 어려움을 갖고 있는 이 문장에 관한 상세한 분석은 J. Stenzel, *Plato's Method of Dialectic*, tras. and ed. by D. J. Allan, 1940, 62~71쪽 참조. 그리고 F. M. Cornford, 앞의 책, 267~271쪽 참조. 그러나 이들의 해석에 반론을 펴는 이들도 있다. J. Trevaskis, "Division and its Relation to Dialectic and Ontology in Plato" in *Phronesis* 12(1967)와 Gomez-Lobo, "Plato's Description of Dialectic in the Sophist 253d1~e2" in *Phronesis* 22(1977) 참조.

121) 변증술이 갖는 두 기본 특성을 분명히 밝히는 말로, 하나는 '순수하게' 철학하는 것이고 다른 하나는 '올바르게' 철학하는 것이다.

손 님 우리가 철학자를 찾고 있다면, 우리는 지금이나 이후에도 그런 어떤 곳에서 철학자를 발견할 수 있을 것인데, 설령 이 사람 또한 분명히 알아보기 어렵더라도
254a 이 사람의 어려움과 소피스테스의 어려움은 다른 성질의 것일세.

테아이테토스 왜 그렇죠?

손 님 소피스테스는 '있지(…이지) 않은 것'의 어둠 속으로 도망쳐가서 요령있게 그 어둠에 적응하고 있지만, 그곳의 어둠 탓으로 분간해보기 힘든 사람이네. 그렇지 않은가?

테아이테토스 그런 것 같습니다.

손 님 반면 철학자는 추론을 통해서 언제나 '있는(…인) 것'의 형상에 기숙하며, 또한 그곳의 밝음 때문에 알아보기가 결코 쉽지 않은 사람이네. 대다수 사람들의 마음
b 의 눈은 신적인 것을 응시하는 일을 견뎌낼 수 없기 때문이지.

테아이테토스 이들도 저들에 못지않게 그런 것 같습니다.

손 님 그렇다면 우리는 당장 이 사람에 관해서도 한층 더 분명히 탐구할 걸세. 하긴 그러려면 우리가 마음에서 내켜해야 하겠지만 말일세. 그러나 분명히 소피스테스에 관해서는 우리가 그를 충분히 볼 때까지 놓아주어서는 안 되네.

테아이테토스 훌륭한 말씀입니다.

손 님 그렇다면 유적형상들 가운데 어떤 것들은 서로 결합

하려 하지만 어떤 것들은 결합하려 하지 않는다고, 그리고 어떤 것들은 적은 것들과 결합하려 하지만 어떤 것들은 많은 것들과 결합하려 한다고, 또한 모두에 걸쳐서 모든 것들과 아무런 지장 없이 결합할 수 있는 것들도
c 있다고 의견일치를 보았으므로, 이후로도 다음과 같이 살펴봄으로써 논의를 진행하기로 하세. 즉 많은 것들 사이에서 혼란에 빠지지 않도록 하기 위해, 우리는 모든 형상들에 관해서 살펴볼 것이 아니라 이른바 가장 중요한 것들 가운데 몇 개를 선택해서 먼저 그 각각이 어떤 것(poia)인지, 그 다음으로 그것들이 서로 결합할 수 있는 힘과 관련해서 어떤 상태에 있는지(pōs echei)를 살펴보도록 하세. 이는 '있는(…인) 것'과 '있지(…이지) 않은 것'을 우리가 완전히 분명히 파악할 수는 없더라도 적어도 현재의 탐구방식이 허용하는 한, 그러니까 우리가 어쩌면 '있지(…이지) 않은 것'에 관해서 '있지
d (…이지) 않은 것'이 참으로 있다고 말하고서도 비난받지 않고 용인될 수 있다면, 그것들에 관한 논의에 하등의 부족함이 없도록 하기 위한 것일세.

테아이테토스 물론 그렇게 해야죠.

손 님 우리가 방금 두루 살펴본 유적형상들 가운데 '있는(…인) 것' 자체 및 '정지', 그리고 '운동'은 가장 중요한 것들일세.[122]

---

122) 콘포드의 해석을 따랐다(F. M. Cornford, 앞의 책, 273쪽 옮긴이 주[2] 참조).

테아이테토스 그렇고말고요.

손 님 그리고 우리의 주장은 그 중 둘이 서로 섞이지 않는 것들(ameiktō)이라는 걸세.

테아이테토스 확실히 그렇습니다.

손 님 그러나 어찌 됐든 '있는(…인) 것'은 이 양자와 섞이는 것이네. 왜냐하면 이 양자는 틀림없이 있으니까 말일세.

테아이테토스 물론입니다.

손 님 그래서 그것들은 셋으로 되네.

테아이테토스 확실합니다.

손 님 그렇다면 그것들 각각은 나머지 둘과 다른 것이지만, 그것 자체는 자기 자신과 동일한 것이네.

e 테아이테토스 그렇습니다.

손 님 한데 우리는 방금도 '동일성'(동일한 것, tauton)이니
'타자성'(다른 것, thateron)이니 하는 식으로 언급했
는데, 대체 그것들은 무엇인가? 그 둘은 그 자체로 나
머지 세 가지 것과 다른 것이지만 언제나 그것들과 섞
일 수밖에 없는 것들이며, 그래서 우리는 그것들이 있
기 때문에 세 가지가 아니라 다섯 가지 유에 관해서
고찰해야만 하는가, 아니면 우리는 자신도 모르는 사
255a 이에 이 동일성과 타자성을 그 세 가지 것 가운데 하
나로 부르는가?

테아이테토스 아마도요.

손 님 그러나 어쨌든 운동과 정지는 확실히 타자성도 동일

성도 아니네.

테아이테토스　어째서죠?

손　　님　우리가 운동과 정지에 대해서 공통으로 부르는 바로 이것은 그렇더라도 이 둘 가운데 어느 하나일 수는 없네.

테아이테토스　왜죠?

손　　님　그렇다면 운동은 정지하고, 정지 또한 운동할 걸세. 왜냐하면 그것들 가운데 어느 하나가 이 둘에 관련되게 되면 그것은 상반되는 것에 관여하므로, 다시금 다른 하나를 그것 자신의 본성과 상반되는 것으로 변화
b 시킬 수밖에 없을 것이기 때문이네.

테아이테토스　그야 물론이죠.

손　　님　하지만 이 둘은 동일성과 타자성에 관여하네.

테아이테토스　그렇습니다.

손　　님　따라서 우리는 운동도 그리고 정지도 동일성이라거나 타자성이라고 말하지 않도록 하세.

테아이테토스　그렇게 하죠.

손　　님　그렇다면 우리는 '있는(…인) 것'과 동일성을 하나의 어떤 것(hen ti)으로 생각해야만 할까?

테아이테토스　어쩌면요.

손　　님　그러나 만일 '있는(…인) 것'과 동일성이 아무런 차이도 보이지 않는다면, 거듭 우리가 운동과 정지 둘 다가 있다고 말할 때에도, 우리는 그런 식으로 그것들
c 둘 다는 '있는(…인) 것들'로서 동일한 것(tauton)이라고 말할 걸세.

테아이테토스 하지만 이는 확실히 불가능합니다.

손 님 그렇다면 동일성과 '있는(…인) 것'은 하나일 수 없네.

테아이테토스 대개는 그럴 수 없을 겁니다.

손 님 이제 우리는 이 세 형상에 더하여 동일성을 네번째 것으로 놓을 수 있겠지?

테아이테토스 그야 물론이죠.

손 님 그러면 다음은 어떤가? 우리는 타자성을 다섯번째 것으로 말해야 할까? 아니면 이것과 '있는(…인) 것'을 하나의 유에 대한 두 가지 어떤 이름으로 생각해야 할까?

테아이테토스 글쎄요.

손 님 그러나 내가 보기에 자네는 '있는(…인) 것들' 가운데 어떤 것들은 그것 자체로(kath' hauta) 있지만, 어떤 것들은 다른 것들과 관련해서(pros alla) 언제나 있다고 하는 데 동의할 걸세.

테아이테토스 물론 그럴 겁니다.

d 손 님 그런데 적어도 다른 것은 언제나 또 다른 것과 관련되어 있다고 하겠지? 그렇지 않은가?

테아이테토스 그렇습니다.

손 님 어쨌든 '있는(…인) 것'과 타자성이 전혀 다른 것이 아니라면, 그건 그렇지 않을 걸세. 그러나 정녕 타자성이 '있는(…인) 것'과 마찬가지로 두 형상[123]에 관여한다면, 언젠가 다른 것들 가운데서도 다른 것과 관

123) 이것은 앞에서 언급한 '그 자체로 있는'(to kath' hauto) 형상과 '다른 것과 관련해서 있는'(to pros allo) 형상을 지시한다.

련되지 않는 다른 것이 있을 걸세. 그러나 지금 우리에게 단적으로 드러난 결론은 다른 것은 그것이 무엇이든 반드시 다른 것과 관련해서 바로 그런 것이라는 걸세.

테아이테토스 선생님께서 말씀하신 대로입니다.

손 님 그렇다면 우리는 다름의 본성(타자성)이 우리가 택한
e 형상들 가운데 속하는 다섯번째 것이라고 말해야만 하네.

테아이테토스 예.

손 님 그리고 우리는 그것이 그것들 모두에 두루 걸쳐 있는 것이라고 주장할 것이네. 왜냐하면 하나하나의 형상이 그 밖의 형상들과 다른 것은 그것 자체의 본성 때문이 아니라 타자성의 형상에 관여한 탓이기 때문이네.

테아이테토스 정말 그렇군요.

손 님 그러면 이제 다섯 형상을 하나씩 다시 취해서 그것들에 관해 다음과 같이 말해보세.

테아이테토스 어떻게요?

손 님 먼저 운동은 정지와는 완전히 다르다고 해보세. 아니면 우리는 어떻게 말할까?

테아이테토스 그렇게들 말하죠.

손 님 그러므로 운동은 정지가 아니네.

테아이테토스 결단코 아닙니다.

256a 손 님 그러나 어쨌든 운동은 '있는(…인) 것'에 관여함으로써 있네.

테아이테토스 그건 있습니다.

손 님 반면 다시금 운동은 동일성과는 다르네.

테아이테토스 그럴 테죠.

손 님 그러므로 운동은 동일성이 아니네.

테아이테토스 아니고말고요.

손 님 그러나 이 운동은 어쨌든 자신과 같은 것이었는데, 이는 모든 형상이 또한 동일성에 관여하기 때문이네.

테아이테토스 확실합니다.

손 님 그렇다면 우리는 운동이 같은 것이면서 동시에 동일성은 아니라는 것을 인정해야 하며 또 못마땅해해서도 안 되네. 왜냐하면 그것이 같은 것이면서 동시에 동일성은 아니라고 우리가 말할 때 우리는 같은 방식으로 언급한 것이 아니고, 오히려 같은 것이라고 할
b 때는 동일성에 관여하기 때문에 그 자신에 대해서 그렇게 말하지만, 동일성이 아니라고 말할 때는 다시금 타자성과의 결합으로 해서인데, 이로 인해 동일성에서 분리되어 그것은 저것(동일성)이 아니라 다른 것으로 되고, 그래서 그것은 또한 다시금 의당 동일성이 아니라고 불리기 때문이네.

테아이테토스 그야 물론이죠.

손 님 그렇다면 만일 운동 자체가 어떻게든 정지에 관여한다면, 그것이 정지해 있는 것이라고 말하는 건 전혀 이상할 게 없겠지?

테아이테토스 지당하십니다. 정녕 우리가 유적형상들 가운데 어떤

것들은 서로 결합하려(meignysthai) 하지만, 어떤 것들은 그렇지 않다는 것을 인정한다면 말입니다.

c 손　님 그런데 우리는 그게 본성에서 그렇다는 것을 검토하다가 당면한 것들의 증명보다 앞서서 이 점에 대한 증명에 이르렀네.

테아이테토스 물론입니다.

손　님 그럼 다시 말해보세. 운동은 마치 그것이 동일성과도 정지와도 다른 것이었듯 타자성과도 다르네.

테아이테토스 필연적입니다.

손　님 그렇다면 운동은 어떤 의미에서는 결코 타자성은 아니지만, 현재의 설명에 의하면 다른 것이긴 하네.

테아이테토스 맞습니다.

손　님 그러면 이 다음의 것은 어떤가? 그러니까 우리가 그것들에 관해서, 그리고 그것들 안에서 탐구하려 했던
d 것들이 다섯 가지라고 의견일치를 보았다면, 우리는 운동이 또한 세 유적형상과 다르다고 말할 수 있지만, 네번째 것과 다르다고 말할 수는 없는가?

테아이테토스 어찌 그럴 수 있겠습니까? 그 수가 방금 보여진 것보다 더 적다고 인정할 수는 없으니까요.

손　님 그러니까 우리는 운동이 '있는(…인) 것'과 다르다고 거침없이 주장할 수 있겠지?

테아이테토스 조금도 거리낄 것이 없습니다.

손　님 그렇다면 분명히 운동은 참으로 '있는(…인) 것'이 아니면서도 '있는(…인) 것'(있음)에 관여하기에 있는

것이기도 하겠군?

테아이테토스 그야 분명하죠.

손 님 그러므로 운동의 경우뿐만 아니라 모든 유와 관련해서도 '있지(…이지) 않은 것'이 반드시 '있다'(…이다)는 것은 사실이네. 왜냐하면 모든 형상과 관련해서
e 다름의 본성은 그 각각을 '있는(…인) 것'으로부터 구별함으로써 '있지(…이지) 않은 것'으로 만들며, 그래서 마찬가지로 이런 식으로 모든 것을 '있지(…이지) 않은 것들'로, 다시금 그것들은 '있는(…인) 것'에 관여하기 때문에 '있다(…이다)'고, 그리고 '있는(…인) 것들'이라고 우리는 의당 말할 걸세.

테아이테토스 그럴 테죠.

손 님 그러므로 형상들 각각과 관련해서 그게 '있다'(…이다)는 경우는 많이 있지만, 그게 '있지(…이지) 않다'는 경우는 수없이 많이 있네.

테아이테토스 그런 것 같군요.

257a 손 님 그렇다면 '있는(…인) 것' 자체도 그 밖의 것들과는 다른 것이라고 말해야만 하네.

테아이테토스 그럴 수밖에 없죠.

손 님 따라서 우리에게 '있는(…인) 것'도 그 밖의 것들이 '있는(…인)' 만큼, 그만큼 있지(…이지) 않네. 왜냐하면 '있는(…인) 것'은 저 다른 것들이 아니어서 그 자체로는 하나지만, 또한 수에서 무한한 그 밖의 것들도 아니기 때문일세.

테아이테토스 대강 그런 것 같군요.

손 님 그러므로 유적형상들의 본성(hē tōn genōn physis)이 서로 결합하는 것일진대, 우리는 이런 결론에도 못마땅해해서는 안 되네. 그러나 만일 누군가가 이런 결론을 인정하지 않는다면, 먼저 우리의 앞선 주장들을 설득한 후 다음으로 우리에게 이 다음 것들을 설득하게 하세.

테아이테토스 지당한 말씀입니다.

b 손 님 이제 이런 것도 살펴보기로 하세.

테아이테토스 어떤 것인데요?

손 님 우리가 '있지(…이지) 않은 것'을 말할 때, 우리는 '있는(…인) 것'과 대립되는 어떤 것(enantion ti tou ontos)이 아니라 단지 다른 것(heteron)만을 말하는 것 같네.

테아이테토스 어떻게요?

손 님 이를테면 우리가 '크지 않은 어떤 것'(ti mē mega)이라고 말할 때, 그때 자네가 보기에는 우리는 그 표현으로써 같은 것보다 작은 어떤 것을 가리키는가?

테아이테토스 결코 그렇지 않습니다.

손 님 그러므로 부정이 대립되는 것을 지시한다고 언급될 경우 우리는 이 점에 동의하지는 않을 것이고, 다만 앞에 놓인 'mē'나 'ou'라는 부정어는 그 다음에 오는
c 이름들과는 다른 어떤 것을, 오히려 부정 다음에 발설된 이름들이 지시하는 사물들과는 다른 어떤 걸 가리

킨다는 정도만을 동의할 것이네.

테아이테토스 그야 물론이죠.

손 님 그런데 다음에 관해서 자네도 같은 생각인지 알아보도록 하세.

테아이테토스 어떤 걸 말씀하시는 겁니까?

손 님 내가 보기에 다름의 본성(타자성)은 지식과 마찬가지로 세분되어 있는 것 같네.

테아이테토스 어떻게요?

손 님 확실히 지식도 하나이긴 하지만, 어떤 대상과 관련해서 생긴 그것의 각각의 부분은 분리되어 자신의 고유
d 한 어떤 이름을 갖네. 그래서 이른바 많은 기술들과 지식(학문)들이 있네.

테아이테토스 물론입니다.

손 님 그래서 하나이긴 하지만 타자성의 부분들도 이와 동일한 처지에 있네.

테아이테토스 아마도 그럴 테죠. 그러나 우리는 그걸 어떻게 설명해야 할까요?

손 님 아름다운 것과 대비되는 다른 것의 어떤 부분이 있는가?

테아이테토스 있습니다.

손 님 그러면 우리는 이것이 이름이 없는 것이라고 말해야 할까, 아니면 그건 어떤 이름을 갖고 있는가?

테아이테토스 갖고 있습니다. 왜냐하면 우리가 그때마다 "아름답지 않다"(mē kalon)고 발설하는 이것은 다름 아니라 아

름다움의 본성과 다른 것이기 때문입니다.

손　님　자, 이제 내게 이것을 말해주게.

e 테아이테토스　어떤 걸 말씀입니까?

손　님　'아름답지 않은 것'(to mē kalon)은 '있는(…인) 것들' 가운데 하나의 어떤 유와 구별되고, 그리고 다시금 '있는(…인) 것들' 가운데 어떤 것과 대립되는 것으로서, 그렇게 있는(…인) 것이 되지 않겠는가?

테아이테토스　그렇습니다.

손　님　'아름답지 않은 것'은 '있는(…인) 것'에 대한 '있는(…인) 것'의 일종의 대립(antithesis)으로 된 것 같네.

테아이테토스　지당하십니다.

손　님　그렇다면 다음은 어떤가? 이 논의에 따르면 우리에게 아름다운 것은 한층 더 존재하는 것들에 속하지만, 아름답지 않은 것은 한층 덜 속하는가?

테아이테토스　결코 그렇지 않습니다.

258a 손　님　그러므로 우리는 '크지 않은 것'(to mē mega)도 '큰 것 자체'(to mega auto)와 마찬가지로 '있다(…이다)'고 말해야겠지?

테아이테토스　마찬가지죠.

손　님　그래서 어떤 것이 다른 것보다 결코 더 있지(…이지) 않다는 점과 관련해서 '올바르지 않은 것'(to mē dikaion)도 '올바른 것'과 마찬가지로 놓아야겠지?

테아이테토스　물론입니다.

손 님 그리고 우리는 그 밖의 다른 것들에 대해서도 같은 방식으로 말할 걸세. 왜냐하면 다름의 본성(타자성)이 '있는(…인) 것들'에 속한다는 것은 분명하지만, 그것이 '있는(…인) 것이기에 그것의 부분들도 어떤 것에 못지않게 '있는(…인) 것들'이라고 놓을 수밖에 없기 때문이네.

테아이테토스 어찌 그렇지 않겠습니까?

손 님 그러므로 다름의 본성의 부분과 '있는(…인) 것'의 본
b 성의 부분의 대립은 그것들이 서로 대립해 있을 때,
그렇게 말하는 게 허용된다면 '있는(…인) 것' 자체에
못지않게 실재(ousia, 본질)이며, 그것은 저것과 대립
되는 것이 아니라 저것과 다른 것, 그 정도만을 가리
키는 것 같네.

테아이테토스 그야말로 분명합니다.

손 님 그렇다면 우리는 그걸 뭐라고 불러야 할까?

테아이테토스 분명히 우리가 소피스테스 때문에 찾았던 '있지(…이지) 않은 것'이야말로 바로 이것입니다.

손 님 그러면 자네가 말했듯이, 이것은 다른 어떤 것에 못지
않게 실재(본질)에 속하는가? 그리고 이제 우리는 자
신있게 '있지(…이지) 않은 것'은 확실히 그 자신의
본성을 지니고 있으며, 마치 큰 것이 큰 것이었으며
(컸으며) 아름다운 것이 아름다운 것이었으며(아름다
c 웠으며) 크지 않은 것이 크지 않은 것이었으며(크지
않았으며) 아름답지 않은 것이 아름답지 않은 것이었

듯(아름답지 않았듯), 그렇게 '있지(…이지) 않은 것'도 동일한 방식으로 '있지(…이지) 않은 것'이었고 '있지(…이지) 않은 것'이며 많은 '있는(…인) 것들' 가운데서 헤아려 볼 수 있는 하나의 형상이라고 주장할 수 있을까? 아니면 테아이테토스, 우리는 아직도 그 점에 관하여 어떤 의문을 갖고 있는가?

테아이테토스 아무런 의문도 남아 있지 않습니다.

손 님 그럼 자네는 우리가 파르메니데스님을 따르지 않고 그분이 금지한 것을 훨씬 넘어섰다는 걸 알고 있는가?

테아이테토스 어째서죠?

손 님 우리는 탐구를 더 앞으로 진행시킴으로써 그분께서 탐구하길 금한 것 이상의 것을 그분께 보여주었네.

테아이테토스 어떻게요?

d 손 님 아마도 그분께서 말씀하신 것은 다음과 같은 것이네.

> "'있지(존재하지) 않은 것'이 '있다'(존재한다)는 이것이 결코 입증되지 않게 하라.
>
> 아니, 그대는 탐구에 있어서 생각을 이 길에서 멀리 할지라."

테아이테토스 그분께서야 그렇게 말씀하시고 있죠.

손 님 그러나 우리는 '있지(…이지) 않는 것'이 있다는 것을 증명했을 뿐 아니라 '있지(…이지) 않은 것'의 형상(보임새)이 어떤 것인지도 밝혔네. 우리는 타자성

(다른 것의 본성)이 있다는 것과 그것이 상호 간의 관
e 계에서 '있는(…인)' 모든 것들에 두루 나뉘어 있다는 것을 보여줌으로써, 우리는 '있는(…인) 것'에 대해 대립적으로 있는 그것(타자성)의 각각의 부분과 관련해서 바로 그것이 참으로 '있지(…이지) 않은 것'이라고 감히 말했네.

테아이테토스 손님이시여, 그야말로 제겐 우리가 지당한 말을 한 것 같습니다.

손 님 그렇다면 누구든 우리가 '있지(…이지) 않은 것'이 '있는(…인) 것'에 상반되는 것임을 보여주면서 그것이 있다고 말하려 든다고 하지 않도록 하세. 왜냐하면 우리는 '있는(…인) 것'과 상반되는 것에 관해서는 그
259a 게 있든 없든, 설명할 수 있는 것이든 전혀 설명할 수 없는 것이든, 이미 오래 전에 작별을 고한다고 했으니까 말일세. 방금 우리가 '있지(…이지) 않은 것'이 있다고 말한 것과 관련해서, 누군가가 우리가 훌륭하게 말하지 않았다고 논박함으로써 설득하게 하세. 아니면 그렇게 할 수 없는 한에서는 우리가 말했던 것처럼 그로서도 이렇게 말해야 하네. 즉 유적형상들은 서로 섞이며, '있는(…인) 것'과 타자성이 그것들 모두에 그리고 서로를 통해 두루 걸쳐 있기 때문에, '있는(…인) 것'에 관여하는 타자성은 이 관여 때문에 있으나, 저것은 적어도 그것이 관여하는 것('있는 것')이 아니라 그것과는 다른 것이며, '있는(…인) 것'과 다른 것

이기 때문에 '있지(…이지) 않은 것'이 반드시 있다는
b 게 무엇보다도 분명하네. 그러나 '있는(…인) 것'도 또한 타자성에 관여하기 때문에 '있는(…인) 것'은 그 밖의 유적형상들과 다른 것이며, 저것들 모두와 다른 것이기에 그것들의 각각일 수도 그리고 그 밖의 모든 것들일 수도 없고 단지 그 자체일 뿐이며, 그래서 '있는(…인) 것'은 다시금 분명히 천 번이고 만 번이고 있지(…이지) 않고, 그 밖의 것들도 마찬가지로 하나하나로서든 전체적으로든 여러 번 있고(…이고) 여러 번 있지(…이지) 않게 되네.

테아이테토스 맞습니다.

손 님 그리고 만일 누군가가 이런 반론들을 믿지 않는다면, 그는 이것들을 살펴보고 방금 언급된 것보다 한층 더 나은 것을 말해야만 하네. 그러나 만일 그가 때로는
c 이리로 때로는 저리로 말을 옮기면서 무슨 어려운 것이라도 생각해낸 양 반긴다면, 지금의 논의가 말하듯 그는 많은 열의를 보일 가치가 없는 것들에 열의를 보인 것이네. 왜냐하면 이것은 전혀 세련된 것도 찾기 어려운 것도 아니지만, 저것은 이제 어렵고 동시에 훌륭한 것이기도 하기 때문이네.

테아이테토스 어떤 걸 두고 하시는 말씀입니까?

손 님 그건 전에도 언급한 것으로서, 이런 것들을 할 수 있는 일들로 내버려두고, 만일 누군가가 다른 것이면서도 어느 의미에선 같다고 하거나, 같은 것이면서도 어

느 의미에서는 다르다고 할 때, 그가 이것들 중 하나
d 가 그런 상태에 있다는 그런 의미에서, 그리고 그런 관점에 따라 언급된 것들을 하나씩 논박하면서 따라갈 수 있는 것이네. 그러나 어떤 의미에서건 어쨌든 같은 것이 다르고, 다른 것이 같으며, 큰 것이 작고, 닮은 것이 닮지 않다는 것을 보이며, 그런 식으로 논의 속에서 끊임없이 상반되는 것들을 제시하면서 기뻐하는 것, 이것은 분명히 참된 논박이 아니라 이제 막 '있는(…인) 것들'을 접한 자의 갓난아이에 지나지 않네.

테아이테토스 정말 그렇습니다.

손 님 그리고 여보게, 모든 것을 모든 것에서 분리하려는 것
e 은 무엇보다 터무니없는 일이거니와, 전혀 교양도 없고 철학을 모르는 자의 짓이기도 하네.

테아이테토스 어째서죠?

손 님 각각의 것을 모든 것들에서 분리하는 것은 모든 로고스[124]를 완전히 파괴하는 것이거든. 왜냐하면 '형상들 상호간의 엮음'(tōn eidōn symplokē)을 통해서 '로고스'(logos)가 우리에게 생겼으니까 말이야.

테아이테토스 맞습니다.

---

124) 이것은 옮기기 힘든 말로서 '논의', '진술', '명제', '말' 등으로 옮기기도 한다. 그러나 여기서는 혹시 오해를 불러일으키지 않기 위해 원어 그대로 로고스라 했다.

260a 손 님 그러니까 지금 우리가 그와 같이 분리하는 자들과 끝까지 논쟁을 하여, 그들에게 하나가 다른 것과 섞인다는 걸 허용하도록 강요하는 것이 얼마나 적절한 일인지를 살펴보게.

테아이테토스 무엇과 관련해서죠?

손 님 우리의 로고스가 존재하는 유적형상들 가운데 하나라
는 것과 관련해서지. 왜냐하면 이것을 빼앗기게 되면
우리는 철학을 빼앗기게 될 텐데, 이는 가장 큰일이니
까 말일세. 게다가 지금 우리는 로고스가 도대체 무엇
인지에 관해서도 의견일치를 보아야 하는데, 만일 우
리가 그것을 전혀 존재하지 않는 것으로 제거했다면
아마 우리는 더 이상 아무 말도 할 수 없게 되었을 걸
b 세. 그런데 만일 우리가 어떤 것과 어떤 것의 섞임
(meixis)이 전혀 있지 않다고 인정했다면, 우리는 그
걸 제거한 셈이네.

테아이테토스 그야 옳은 말씀이죠. 그러나 저는 지금 왜 로고스에 대해 의견일치를 보아야만 하는지 모르겠습니다.

손 님 그렇지만 아마도 자네가 이런 식으로 나를 따라온다면 가장 쉽게 알게 될 걸세.

테아이테토스 어떤 식으로요?

손 님 이제 '있지(…이지) 않은 것'은 그 밖의 다른 유들 가운데 하나의 유로서, 모든 '있는(…인) 것들'에 흩어져 있다는 것이 우리에게 밝혀졌네.

테아이테토스 그렇습니다.

손 님 그렇다면 이 다음으로 그게 판단 및 로고스와 섞이는지를 살펴보아야만 하네.

테아이테토스 왜 그렇죠?

c 손 님 그것이 이것들과 섞이지 않는다면, 모든 것은 반드시 참이지만, 만일 섞이면 거짓판단과 거짓 로고스가 생기게 되기 때문이네. '있지(…이지) 않은 것들' 을 판단하거나 말하는 것, 이건 아마도 생각과 로고스들에서 생기는 거짓일 테니까 말일세.

테아이테토스 그렇습니다.

손 님 그러나 적어도 거짓이 있다면 기만 또한 있네.

테아이테토스 예.

손 님 그리고 기만이 있다면, 모든 것은 영상들과 모사물들 및 '그렇게 보이는것' (phantasia)으로 가득 차 있을 수밖에 없네.

테아이테토스 그야 물론이죠.

손 님 그런데 어쨌든 소피스테스가 아마도 이런 곳으로 피
d 하긴 했지만, 거짓은 전혀 있지 않다고 부정하게 되었다고 우리는 말했네. 왜냐하면 누구든 '있지(…이지) 않은 것' 은 생각할 수도 없고 말할 수도 없는데, 이는 '있지(… 이지) 않은 것' 은 결코 어떠한 식으로든 존재(ousia)에 관여하지 않기 때문이라는 것이었네.

테아이테토스 그건 그랬죠.

손 님 그러나 지금은 어쨌든 이것(to mē on)이 '있는(…

인) 것'에 관여한다는 것이 분명히 밝혀졌으므로, 이런 점에서 아마도 그는 더 이상 우리에게 대적하지 못할 것이네. 그러나 그는 아마 형상들 가운데 어떤 것들은 '있지(…이지) 않은 것'에 관여하지만 어떤 것들은 관여하지 않고, 그리고 로고스와 판단은
e 관여하지 않는 것들에 속한다고 주장할 것이며, 그래서 그는 판단과 로고스가 '있지(…이지) 않은 것'과 결합하지 않기 때문에, 우리가 그가 거처하는 곳으로 말하는 영상제작술 및 '닮아보이는 것(유사영상)을 만드는 기술'이 전혀 있지 않다고 다시금 우길지도 모르네. 왜냐하면 이런 결합이 없다면 거짓이란 전혀 존재하지 않기 때문이라는 거지. 그러므로 이런 이유로 해서 먼저 로고스와 판단과 '닮아보이는 것(유사영상)'이 도대체 무엇인지를 추적해야만 하네. 이는 그것들이 나타날 때, 우리가 그것들과 '있지(…이지) 않은 것'의 결합을 통찰할 수 있고,
261a 그걸 통찰하면 거짓이 존재함을 증명할 수 있으며, 그걸 증명한 다음에는 정녕 소피스테스가 거기에 묶일 수 있다면 그를 거짓 속에 묶어두거나, 혹 그럴 수 없다면 그를 풀어주고 다른 부류 속에서 찾기 위함일세.

테아이테토스 그렇지만 분명히 손님이시여, 소피스테스와 관련해서 처음에 언급하신 것, 즉 그는 사냥하기 힘든 부류라고 말한 것은 어쨌든 사실인 것 같습니다. 왜냐하면 그는

〔자신을 지키기 위한〕 방벽들(problēma)[125)]로 가득 차 있어서, 그가 그것들 가운데 하나를 자신을 방어하기 위해 자기 앞에 쳐놓을 때마다 우리는 소피스테스 자신에 이르기 전에 먼저 이 방벽과 싸우지 않으면 안 될 것처럼 보이니까요. 이제 가까스로 우리는 '있지(…이지) 않은 것'이 '있지(…이지) 않다'고 앞에 쳐져 있는 방벽을 헤쳐왔지만 그는 다른 방벽을 쳤고,
b 그래서 로고스 및 판단과 관련해서도 거짓이 있다는 걸 증명해야 하며, 이 다음에도 아마 다른 방벽을, 그것 다음에도 여전히 또 다른 방벽을 쳤을 테니까요. 그리고 결코 끝이 보이지 않을 것 같군요.

손 님 테아이테토스, 조금이라도 언제나 앞으로 나아갈 수 있는 사람은 대담해야만 하네. 이런 경우들에서 낙담하는 사람이 다른 경우들에서 무엇을 할 수 있겠는가? 저 경우들에서 조금도 앞으로 나아가지 못하거나 또는 다시 뒤로 물러서지도 못할 걸세. 속담에도 이르
c 듯, 그런 사람이 언젠가 도시를 장악하는 일은 아마 없을 걸세. 그러나 지금은 여보게, 자네가 말한 이 방벽을 헤쳐왔으므로 실로 가장 큰 성(城)이 우리한테 장악된 셈이고, 그 밖의 다른 것들은 이제 한결 쉽고

125) problēma는 방벽 내지 방책 이외에 문제라는 뜻도 포함하고 있다. 이것은 proballō에서 온 말로 먼저 '방어물로서 앞에 던지는 것'을 뜻하는데, 이 경우에는 방벽 내지 방책이라는 뜻을 갖지만 다음으로 '앞에 제시하는 것'을 뜻할 경우에는 문제라는 뜻을 갖는다.

작은 것일세.

테아이테토스 고무적인 말씀입니다.

손 님 방금 말했던 대로 진술[126]과 판단을 먼저 다루기로 하세. 이는 '있지(…이지) 않은 것'이 그것들(진술과 판단)에 관계하는지, 아니면 이들 양자가 전적으로 참이고 어느 쪽도 결코 거짓이 아닌지를 보다 분명히 헤아려볼 수 있도록 하기 위해서일세.

테아이테토스 옳은 말씀입니다.

d 손 님 자, 이제 우리가 형상들과 문자들에 관해서 말했듯, 이번에는 이름(onoma)들에 관해서도 마찬가지 방식으로 살펴보기로 하세. 왜냐하면 그런 식으로 하면 지금 탐구하고 있는 것이 밝혀질 테니까 말일세.

테아이테토스 그렇다면 이름들에 관해서 우리가 대답해야만 할 것은 어떤 것인가요?

손 님 그것들 모두가 서로 어울리는가(synarmottein), 아니면 전혀 어울리지 않는가, 또는 어떤 것은 어울리려 하지만 어떤 것은 그렇지 않은가 하는 것이네.

테아이테토스 어쨌든 이것, 즉 어떤 것은 결합하려 하지만 어떤 것은 그렇지 않다는 것은 분명합니다.

---

126) logos를 '진술'로 옮긴 것인데, 이는 이어지는 분석이 아리스토텔레스가 apophantikos logos라고 한 것의 분석에 관계하기 때문이다. 여기서 이것은 의문문이나 기원문과는 구별되는 것으로서, 참이나 거짓일 수 있고 또 참이나 거짓이어야만 하는 진술이다(F. M. Cornford, 앞의 책, 303쪽, 옮긴이 주[1] 참조).

손 님 아마도 자네가 주장하는 것은 이와 같은 것, 즉 차례
e 로 언급되면서 뭔가를 지시하는 것들은 어울리지만,
연속되어 있어도 아무것도 의미하지 않는 것들은 어
울리지 않는다는 것이겠군.

테아이테토스 무엇을 어떤 의미에서 그렇게 말씀하십니까?

손 님 그건 자네가 이해하고 동의하는 걸로 내가 생각한 바로 그것일세. 왜냐하면 우리에게는 음성에 의해서 존재(ousia)에 관해 지시하는 기호들로 아마 두 부류가 있을 테니까.

테아이테토스 어떻게요?

262a 손 님 하나는 이름(명사, onoma)[127]이고 다른 하나는 동사로 불리네.

테아이테토스 이들 각각에 대해 말씀해주세요.

손 님 하나는 행위들에 대해 적용되는 표현(dēlōma)[128]으로서, 그것을 우리는 분명히 동사라고 하네.

테아이테토스 그렇습니다.

손 님 다른 하나는 그 행위들을 행하는 자들 자체에 대해 부

---

127) onoma는 일반적인 의미로는 '낱말'을, 특수한 의미로는 '이름'(명사)를 뜻한다.

128) 'dēlōma'는 dēloō라는 동사에서 온 명사형인데, 이 동사가 '밝히다', '드러내다', '알리다', 분명히 하다' 등을 뜻하므로 'dēlōma'는 이것들을 하는 수단의 의미를 갖는다. 따라서 여기서처럼 'dēlōma'가 행위에 적용되는 것이라면 그것은 행위를 드러내거나 알리는 수단, 즉 행위의 표현 내지 기호를 뜻한다.

가된 음성의 기호(sēmeion)로서, 이름이라 하지.

테아이테토스 확실히 그렇습니다.

손 님 따라서 진술(로고스)[129]이 계속해서 언급되는 명사들로만으로 이루어지는 일은 결코 없으며, 또한 명사들 없이 언급된 동사들만으로 이루어지지도 않네.

테아이테토스 그 점은 아직 모르겠는데요.

b 손 님 이는 분명히 자네가 방금 동의했을 때 다른 어떤 것을 생각하고 있었기 때문일세. 내가 말하려 했던 것은 이것들이 이런 식으로 연속해서 언급되면 진술이 되지 못한다는 바로 그것이었네.

테아이테토스 어떤 식으로요?

손 님 이를테면 "걷는다", "달린다", "잔다", 그리고 행위를 지시하는 그 밖의 모든 동사들과 관련해서 만일 누군가가 이 모든 것을 차례로 말한다 하더라도, 그것들은 더 이상 어떤 진술도 이루어내지 못한다는 걸세.

테아이테토스 그야 물론이죠.

손 님 그렇다면 다시금 "사자", "사슴", "말", 그리고 또한
행위를 하는 자들에 대해 붙인 모든 이름들이 언급될
c 경우도, 역시 이런 연속에 의해서는 결코 어떤 진술도
구성되지 못하네. 왜냐하면 누군가가 이름들에 동사
들을 섞기 전에는 발설된 것들은 이렇게든 저렇게든
행위도 비행위도, 그리고 '있는(…인) 것'의 존재도

---

129) 이제부터는 로고스에서 진위가 문제가 되므로 진술 내지 명제라고 옮기는 게 적절할 것 같다.

'있지(…이지) 않은 것'의 존재도 지시할 수 없을 것이기 때문이네. 그러나 그때서야 그것들은 어울리며 최초의 결합(엮음, symplokē)이 곧바로 진술되지만, 그것은 거의 진술들 가운데 최초의 그리고 가장 짧은 것이네.

테아이테토스 그렇다면 선생님께서는 어떻게 그와 같이 진술하십니까?

손 님 누군가가 "사람은 배운다"라고 말할 때, 자네는 이게 가장 짧은 첫번째 진술이라고 하겠지?

d 테아이테토스 저야 그렇게 말하죠.

손 님 그때 이미 그것은 '있는(…인) 것들'이나 일어나고 있는 일들이나 일어난 일들, 또는 장차 일어날 일들과 관련해서 분명히 밝히며, 또한 그것은 이름붙이는 것만이 아니라 이름들에 동사를 엮음으로써 무엇인가를 한정하네. 그 때문에 우리는 그것이 이름붙일 뿐 아니라 진술한다 하고, 특히 이렇게 엮어진 것에 대해 '진술'이라는 이름을 붙이네.

테아이테토스 옳은 말씀입니다.

손 님 그래서 사물들이 어떤 것은 서로 어울리나 어떤 것은 그렇지 않듯이, 음성의 기호들에 관해서도 어떤 것들

e 은 어울리지 않으나 그것들 가운데 어울리는 것들은 진술을 형성하네.

테아이테토스 그렇고말고요.

손 님 아직도 이와 같은 사소한 점이 있네.

테아이테토스 어떤 것인데요?

손 님 진술은, 그게 정녕 진술이라면, 반드시 어떤 것에 대한 진술(tinos logos)이어야 하지, 어떤 것에 대한 진술이 아닐 수는 없네.

테아이테토스 그렇습니다.

손 님 그렇다면 그것 또한 어떤 성질[130)]을 갖는 것이어야만 하겠군?

테아이테토스 물론이죠.

손 님 이제 우리 자신에 대해서 주의를 기울이도록 하세.

테아이테토스 어쨌든 그래야 하겠죠.

손 님 그러니까 나는 이름 및 동사를 통해 행위와 사물을 결합함으로써 자네한테 하나의 진술을 말할 걸세. 그러나 진술이 그 무엇에 대한 것인가는 자네가 내게 말해 주게.

263a 테아이테토스 힘닿는 한 그럴 겁니다.

손 님 "테아이테토스는 앉아 있다." 이건 긴 진술은 아니겠지. 그렇지 않은가?

테아이테토스 길긴요. 적절한데요.

손 님 이제 자네가 할 일은 그것이 무엇에 관한 것인지, 그리고 무엇의(에 대해서 말한) 것인지를 말하는 것일세.

테아이테토스 분명히 그건 저에 관한 것이며, 그리고 저의(에 대해

---

130) 진술의 어떤 성질(poion tina)은 그 진술이 긍정적인가 부정적인가를 지시한다.

서 말한) 것입니다.

손 님 그런데 이런 것은 또한 어떤가?

테아이테토스 어떤 것인데요?

손 님 "지금 내가 논의 상대로 삼고 있는 테아이테토스는 난다" 말일세.

테아이테토스 이것도 저의(에 대해서 말한) 것이며, 저에 관한 것이라고 누구든 말할 수밖에 없을 겁니다.

손 님 그런데 우리는 각각의 진술은 어쨌든 반드시 어떤 성질을 갖는 것이어야만 한다고 말하고 있네.

b 테아이테토스 그렇습니다.

손 님 그렇다면 이 각각의 두 진술은 어떤 성질을 갖는 것이라고 해야 할까?

테아이테토스 하나의 진술은 거짓이지만, 다른 진술은 참입니다.

손 님 그런데 그것들 가운데 참된 진술은 자네와 관련해서 '있는(…인) 것들'을 있는(…인) 그대로(ta onta hōs estin) 진술하네.

테아이테토스 분명히 그렇습니다.

손 님 반면에 거짓진술은 '있는(…인) 것들'과는 다른 것(hetera tōn ontōn)을 진술하네.

테아이테토스 그렇습니다.

손 님 따라서 그것은 '있지(…이지) 않은 것들'을 '있는(…인) 것'으로 진술하네.

테아이테토스 아마도 그럴 겁니다.

손 님 그러나 어쨌든 그것들은 자네와 관련해서 '있는(…

인) 것들'과는 다른 것들이네. 왜냐하면 우리는 확실히 각각의 것과 관련된 '있는(…인)' 많은 것들이 있고, '있지(…이지) 않은' 많은 것들도 있다고 했으니까 말이야.

테아이테토스 분명히 그랬죠.

c 손 님 이제 자네와 관련해서 내가 나중에 언급했던 진술은, 우선 첫째로 진술이 무엇인가에 대한 우리의 규정들에 의하면, 무엇보다도 가장 짧은 것들 가운데 하나임이 틀림없네.

테아이테토스 어쨌든 우리는 이제 그 점에서는 의견일치를 보았죠.

손 님 그리고 둘째로 그것은 무엇의(에 대해서 말한) 것이네.

테아이테토스 그렇습니다.

손 님 그런데 만일 그 진술이 자네의(에 대해서 말한) 것이 아니라면, 그것은 적어도 다른 무엇에 대한 것도 아닐세.

테아이테토스 물론 아닙니다.

손 님 그러나 그것이 아무것도 아닌 것에 대한 것이라면 그것은 전혀 진술일 수 없을 걸세. 왜냐하면 우리는 진술이면서 아무것도 아닌 것에 대한 진술은 있을 수 없는 일들 가운데 하나라고 밝혀두었으니까 말일세.

테아이테토스 지당하십니다.

d 손 님 그래서 자네와 관련해 언급되더라도, 다른 것들이 같은 것들로, 그리고 '있지(…이지) 않은 것들'이 '있는

(…인) 것들' 로 언급되는 경우에, 동사와 명사들로부터 생긴 이런 결합이야말로 실제로 그리고 참으로 거짓진술이 되는 것 같군.

테아이테토스 더할 나위 없는 사실입니다.

손 님 그리고 사고(dianoia)와 판단(doxa)과 '그렇게 보이는 것' (phantasia)은 어떤가? 이 모든 것들은 적어도 거짓된 것이나 참된 것으로 우리의 혼(마음) 속에서 생겨난다는 것은 이미 분명하지 않은가?

테아이테토스 어떻게 그렇습니까?

손 님 자네가 다음과 같은 식으로 한다면 한결 쉽게 이해할 걸세. 즉 우선 그것들이 도대체 무엇인지, 그리고 그
e 각각이 서로 어떻게 다른지를 파악한다면 말일세.

테아이테토스 알려만 주시죠.

손 님 그렇다면 사고와 대화(dianoia kai logos)[131]는 같은 것이겠지? 즉 다만 앞엣것은 혼(마음) 속에서 자신과 소리 없이 행하는 대화로서, 바로 그것이 우리에 의해 '사고' 로 이름붙여졌다는 사실을 제외하고는 말일세.

테아이테토스 물론입니다.

손 님 반면 목소리와 함께 입을 통해 혼에서 나오는 흐름은 '대화' 라고 불렸겠지?

테아이테토스 맞습니다.

---

131) 여기서 dianoia와 logos는 참이나 거짓이어야만 하는 판단과 진술만이 아니라 모든 형태의 사고와 말, 물음들, 명령들 등을 포함하는 넓은 의미로 사용된다(F. M. Cornford, 앞의 책, 318쪽, 옮긴이 주¹ 참조).

손　　님　더 나아가 이런 것도 대화들 안에 있다는 걸 우리는 알고 있네.

테아이테토스　어떤 것인데요?

손　　님　긍정과 부정(phasis te kai apophasis)[132]이네.

테아이테토스　알고 있습니다.

264a 손　　님　그렇다면 이것이 혼(마음) 속에서 조용히 생각에 따라 일어날 경우에, 자네는 그걸 판단 이외의 어떤 것으로 부를 수 있겠는가?

테아이테토스　어찌 그럴 수 있겠습니까?

손　　님　그런데 판단이 그것 자체로부터가 아니라 지각(aisthēsis)을 통해서 어떤 이에게 일어난다면, 그러니까 이번에도 그런 상태를 '그렇게 보이는 것' (phantasia)[133] 이외의 다른 어떤 것으로 의당 부를 수 있겠는가?

테아이테토스　결코 다른 것으로 부를 수 없습니다.

손　　님　그렇다면 참된 진술과 거짓진술이 있었으며, 이 세 가지 것 가운데 사고는 혼 자체가 자기 자신을 상대로 행하는 대화이며, 판단은 사고의 결과이고, 그리고

132) phasis와 apophasis는 (1) 언표된 진술의 긍정이나 부정의 형태로 나타나는 긍정과 부정을 포괄하며, (2) 마음이 자신에게 제시하는 물음들에 대해 —'예' 나 '아니오' 라는 말을 하는—동의와 이의(異議)의 정신적인 행위들을 포괄한다.

133) 여기서 phantasia는 『테아이테토스』 152c에서처럼 동사 phainesthai와 같은 뜻의 명사에 지나지 않는다. 이어지는 언급에서 손님은 그것을 'phainetai' ho legomen으로, 즉 '"그렇게 보인다"로서 우리가 의미하는 것' 으로 대체한다(F. M. Cornford, 앞의 책, 319쪽, 옮긴이 주¹ 참조).

b “그렇게 보인다”로서 우리가 의미하는 것은 지각과 판단의 혼합(섞임, symmeixis)이라는 것이 밝혀졌으므로, 이것들이 또한 진술과 동류의 것이어서, 그것들 가운데서도 어떤 것들은 때에 따라 거짓일 게 필연적이네.

테아이테토스 물론입니다.

손 님 그렇다면 자네는 우리가 그 문제를 탐구하면서 밑도 끝도 없는 일을 떠맡는 것이 아닐까 하고 방금 전에 두려워했던 그 예상보다도 앞서 거짓판단과 진술이 발견되었다는 것을 아는가?

테아이테토스 압니다.

손 님 그러니 이제 남은 일들에 관해서도 낙담하지 마세. 이
c 것들이 밝혀졌으므로, 앞선 형상에 따른(kata eidē) 나눔들을 상기해보세.

테아이테토스 정확히 어떤 나눔들인데요?

손 님 우리는 영상제작술을 두 종류로, 즉 ‘모사물을 만드는 기술’과 ‘닮아보이는 것(유사영상)을 만드는 기술’로 나누었지.

테아이테토스 예.

손 님 그리고 우리는 소피스테스를 둘 가운데 어느 쪽에 놓아야 할지 당혹스러워할 거라고 말했네.

테아이테토스 그랬죠.

손 님 그리고 이 점에서 우리가 당혹스러워 했을 때 한층 더 큰 현기증이 일었는데, 이는 거짓은 언제 어디서나 결

코 존재하지 않으므로 모사물도 영상도 '닮아보이는
d 것(유사영상)' 도 전혀 있지 않다고 모든 이에게 반론
을 펴는 주장이 나타났기 때문이네.

테아이테토스 사실입니다.

손 님 그러나 이제 거짓진술이나 거짓판단이 있다는 것이 밝혀졌으므로, '있는(…인) 것들' 을 모방한 것들(mimēmata tōn ontōn)이 존재할 수도 있고, 또 이런 상태로부터 기만술이 생길 수도 있네.

테아이테토스 그렇습니다.

손 님 그리고 소피스테스가 이 두 가지 것 가운데 어느 한쪽이었다는 것은 우리가 앞선 논의에서 의견일치를 본 것이었네.

테아이테토스 예.

손 님 그러면 이제 다시금 우리 앞에 놓인 부류를 둘로 나누
e 어, 그 부류가 다른 사람들과 공유하는 모든 것들(ta
koina)을 다 벗겨버리고 자신의 고유한 성질(hē
oikeia physis)만을 남겨두었다가 무엇보다도 우리
자신에게, 다음으로 이런 탐구에 본성상 가장 가까이
265a 있는 부류의 사람들에게도 보여줄 때까지 소피스테스
가 결합하고 있는 성질을 붙들고 언제나 나뉜 것의 오
른쪽 부분을 따라 진행해나가도록 하세.

테아이테토스 좋습니다.

손 님 그런데 그때 우리는 제작술과 획득술로 나누면서 시작하지 않았는가?

테아이테토스 예.

손 님 그리고 획득술 가운데서도 사냥술과 경합, 그리고 도매술(무역) 및 그런 어떤 종류들에서 우리는 그의 모습을 흘끗 보지 않았는가?

테아이테토스 그야 물론이죠.

손 님 그런데 지금 모방술이 그를 에워싸고 있으므로, 분명히 우리는 먼저 제작술 자체를 둘로 나누어야만 하네. 왜냐하면 모방(hē mimēsis)은 우리가 비록 그것이
b 각각의 사물들 자체가 아니라 영상들의 제작이라고 말하긴 해도 확실히 일종의 제작(poiēsis)이기 때문이네. 그렇지 않은가?

테아이테토스 그렇고말고요.

손 님 그러면 먼저 제작술에도 두 부류가 있다고 하세.

테아이테토스 어떤 것들인데요?

손 님 하나는 신적인 것이지만, 다른 하나는 인간적인 것이네.

테아이테토스 아직 이해를 못 했습니다.

손 님 만일 우리가 애초의 언급들을 기억한다면, 우리는 전에는 없다가 나중에 생기게 되는 것들에서 원인으로 되는 능력이면 무엇이든 모두 다 제작술이라고 했네.

테아이테토스 기억합니다.

c 손 님 이제 모든 사멸하는 동물들, 그리고 모든 성장하는 것들(phyta)[134], 즉 씨앗과 뿌리로부터 땅에서 자라나는

134) phyta는 자연적인 과정에 의해서 생기는 모든 것들을 포괄한다. 요소들은 신적인 제작의 산물들이지만, 이것은 요소들이 무로부터 창조되

하고많은 식물들 및 땅속에서 용해되든 용해되지 않든 합성된 생명이 없는 모든 물체들과 관련해서, 우리는 그것들이 전에는 존재하지 않다가 나중에 생기게 된 것이 신의 제작활동과는 다른 어떤 것에 의해서라고 할 수는 없겠지? 아니면 우리는 다중(많은 사람)의 의견과 말[135]을 사용해야 할까?

테아이테토스 그건 어떤 건데요?

손 님 자연이 그것들을 낳는 것은 생각 없이도 저절로 일으키는 어떤 원인에서라든가 아니면 이성(logos)과 신에서 유래하는 신적인 인식에 의해서라든가 하는 것일 테지?

d 테아이테토스 저는 아마도 나이 탓으로 종종 둘 사이를 오락가락합니다. 그런데 지금 저는 선생님을 바라보면서 선생님께서 그것들이 어쨌든 신적인 것들에 의해서 유래하는 것으로 생각한다고 봄으로써 저도 그렇게 생각했습니다.

손 님 좋으이, 테아이테토스. 그리고 만일 우리가 자네를 나중에 다르게 생각하는 사람들 가운데 속한다고 여긴다면, 지금 우리는 논증적인 설득력[136]을 갖춘 논의로

었다는 것을 함축하지는 않는다. 다만 여기서 문제가 되는 것은 복합체로서의 피조물들이 자발적으로 요소들로부터 자라는지 아니면 신적인 기술에 의해 조종되는 과정을 통해서 자라나는지 하는 것이다(F. M. Cornford, 앞의 책, 325쪽, 옮긴이 주² 참조).

135) 『법률』 888e 참조.

136) 'meta peithous anankaias'를 캠벨의 해석에 따라 이렇게 옮겼다(R. L. Campbell, 앞의 책, 183쪽 주석 참조).

의견일치를 보게 하려 했을 걸세. 그러나 나는 자네의 성품을, 즉 그것이 스스로 우리의 논의 없이도 지금 자네가 이끌려가고 있다고 주장하는 그곳으로 나아간
e 다는 것을 잘 알고 있으므로 더 이상 여러 말을 하지 않기로 하겠네. 왜냐하면 시간낭비가 될 테니까. 그런데 나는 이른바 자연적인 것들은 신적인 기술에 의해서 만들어지지만 이것들로부터 인간들에 의해 짜맞추어진 것들은 인간적인 기술에 의해 만들어지는 것들이며, 이런 설명에 따라서 제작술에도 두 부류, 즉 인간적인 것과 신적인 것이 있다고 놓을 걸세.

테아이테토스 좋습니다.

손 님 이제 이런 두 가지 것이 있으므로 이들 각각을 다시금 둘로 나누도록 하게.

테아이테토스 어떻게요?

266a 손 님 이를테면 그때는 모든 제작술을 가로로 나누었지만, 이제는 다시 세로로 나누도록 하게.

테아이테토스 그렇게 했다고 하죠.

손 님 이렇게 해서 제작술에는 모두 네 부분이 있게 되는데, 그것들 가운데 둘은 우리 쪽의 것들로서 인간적인 것들이지만, 나머지 둘은 또한 신들 쪽의 것들로서 신적인 것들이네.

테아이테토스 예.

손 님 그런데 또한 다른 식으로 나뉜 것들과 관련해 두 부분들 각각의 한쪽 부분은 사물 자체의 제작과 관련된 것

이지만, 나머지 둘은 영상제작과 관련된 것으로 불리면 가장 적절할 것이네. 그리고 이런 식으로 다시금 제작술은 둘로 나뉘네.

b 테아이테토스 두 부분의 각각이 어떻게 나뉘는지 한 번 더 말씀해주세요.

손 님 우리와 다른 동물들, 그리고 그것들로부터 자연적인 것들이 이루어지는 것들, 즉 불과 물과 이것들과 동류의 것들은 모두 하나하나 신이 제작한 산물들임을 우리는 알고 있겠지? 그렇지 않은가?

테아이테토스 그렇습니다.

손 님 그런데 이 각각의 것들에는 사물들 자체가 아니라 영상들이 뒤따르는데, 이것들마저도 신적인 장치에 의해서 생겨난 것들이네.

테아이테토스 어떤 것들에 대해서 하시는 말씀입니까?

손 님 그것들은 꿈속에 나타난 것들과 낮에 원래 나타나는 하고많은 상(phantasma)들을 두고 하는 말이네. 뒤엣것들에는 불빛에 어둠이 생길 때 생기는 그림자라
c 고 하는 것들, 그리고 제 눈에 속하는 빛과 다른 것에 속하는 빛이 반짝이며 반들거리는 것들에서 하나로 모여 전에 익숙하게 보았던 것과는 정반대의 감각을 일으키는 하나의 형태를 만들어낼 때 생기는 두 겹의 상이라고 하는 것들이 속하네.[137]

---

137) 이 구절을 옮기는 것과 관련해 두 가지 점을 밝혀둔다. 옮긴이는 첫째, 266b10의 legethai를 skia men……diploun de와 함께 읽었고, 둘째,

테아이테토스 그래서 실은 신적인 제작의 이런 두 산물, 즉 사물 자체와 각각의 것에 뒤따르는 영상이 있습니다.

손 님 그런데 우리 인간의 기술에 대해서는 어떤가? 그러니까 우리는 건축술에 의해서는 집 자체를 만들지만, 회화술에 의해서는 마치 깨어 있는 사람들에 대해 인간적인 꿈을 만드는 것과 같은 다른 어떤 것을 만든다고 말하지 않을까?

d 테아이테토스 물론입니다.

손 님 그렇다면 그 밖의 다른 것들에서도 마찬가지로 또한 우리의 두 제작행위에 의한 두 종류의 산물이 있다고, 즉 사물 자체 〔실물제작술〕와 영상 〔영상제작술〕이 있다고 우리는 말하네.

테아이테토스 이제야 저는 한층 잘 이해하게 됐습니다. 그리고 저는 제작술의 두 부류를 두 방식으로 놓습니다. 즉 하나의 나눔에 의해서는 신적인 것과 인간적인 것으로, 다른 나눔에 의해서는 사물 자체들의 제작과 어떤 닮은 것들의 제작으로 놓습니다.

손 님 그러면 이제 우리는 정녕 거짓이 실제로 거짓으로 존재하는 것이며 본성상 존재하는 것들 가운데 하나로 밝혀졌다면, 영상제작술 가운데 하나는 모사물을 만드는 부류였지만 다른 하나는 '닮아보이는 것(유사영

e

c1의 diploun 다음에 phantasmata를 보충해서 읽었다. 그리고 이 구절에 대한 설명은 콘포드의 상세한 주석을 참조하라(F. M. Cornford, 앞의 책, 327쪽, 옮긴이 주[2] 참조).

상)을 만드는 부류' 였다는 것을 상기하도록 하세.

테아이테토스 그건 그랬습니다.

손 님 그런데 그건 밝혀졌네. 그리고 그 때문에 이제 우리는 그것들을 분명히 두 부류로 간주해야겠지?

테아이테토스 예.

267a 손 님 그렇다면 이제 '닮아보이는 것(유사영상)을 만드는 부류' 를 다시금 구분하기로 하세.

테아이테토스 어떻게요?

손 님 하나는 도구를 써서 생기게 된 것이지만, 다른 하나는 '닮아보이는 것' (유사영상)을 만드는 사람 자신이 그 자신을 수단(organon)로서 내세울 때 생기게 된 것이네.

테아이테토스 무슨 뜻으로 하시는 말씀입니까?

손 님 내 생각으론 누군가가 그 자신의 신체를 사용해 자네의 모습과 닮아보이도록 하거나 또는 자신의 목소리를 사용해 자네의 목소리와 닮아보이도록 할 때, 이것은 '닮아보이는 것(유사영상)을 만드는 기술' 가운데서도 특히 '모방' (mimēsis)이라고 불리는 것 같네.

테아이테토스 그렇습니다.

손 님 이제 이것을 그 기술에서 분리해서 '모방술' 이라고 부르기로 하세. 그러나 우리는 그 밖의 다른 모든 부분과 관련해서는 뒤로 물러나서 내버려둔 채, 그것들
b
을 하나로 모아 그것에 적합한 어떤 이름을 부여하는 일은 다른 이에게 맡기도록 하세.

테아이테토스 이 부분은 나누지만, 그 밖의 부분은 버리기로 하죠.

손 님 그리고 이 부분도 테아이테토스, 여전히 이중적인 것으로 생각될 만하네. 그러나 무슨 이유로 그런지 살펴보기로 하세.

테아이테토스 말씀이나 하세요.

손 님 모방하는 사람들 가운데는 자신이 모방하는 것을 알고 행하는 이들도 있지만, 알지 못하고 그렇게 하는 이들도 있네. 그렇지만 우리는 무지(agnōsia)와 앎(gnōsis) 사이의 그것보다도 더 큰 나눔을 놓을 수 있을까?

테아이테토스 결코 그럴 수 없습니다.

손 님 그렇다면 방금 언급한 부분은 알고 있는 자들의 모방이 아닌가? 왜냐하면 자네의 모습과 자네를 알고 있는 사람이 자네를 모방할 수 있을 테니 말일세.

c 테아이테토스 물론이죠.

손 님 그러나 올바름(정의)의 모습과 일반적으로 전체적인 훌륭함(덕)의 모습에 관해서는 어떤가? 그러니까 그것들에 대해 앎은 없지만 어떤 식으로든 의견만을 갖고 있는 많은 사람들은 그들이 의견을 갖고 있는 것을 가능한 한 행위와 말들에 의해 모방함으로써, 마치 그것이 그들 안에 실제로 있는 것처럼 보이게 하도록 몹시 애쓰는 것은 아닌가?

테아이테토스 그야 물론 많은 사람들은 그렇게 하고 있죠.

손 님 그렇다면 실제로 전혀 올바르지 않은 모든 사람들은 올바르게 보이게 할 수는 없는가? 아니면 전적으로 이와 정반대인가?

테아이테토스 전적으로 정반대입니다.

d 손 님 그래서 내가 보기에 우리는 이 모방자는 저 모방자와 다르다고, 즉 앎이 없는 자는 앎이 있는 자와 다르다고 말해야만 할 것 같네.

테아이테토스 그렇습니다.

손 님 그렇다면 우리는 이들 각각에 적합한 이름을 어디에서 찾아야 할까? 이는 분명히 어려운 문제이네. 왜냐하면 이전 사람들은 유들을 종에 따라 나누는 것을 오래 전부터 게을리했고 생각도 하지 않았으므로 어느 누구도 그렇게 나누려 하지 않았던 것 같으며, 이 때문에 의당 이름들을 얻기란 매우 쉽지 않기 때문이네. 그러나 한층 대담하게 언급된 것 같더라도, 식별을 위
e 해서 우리는 의견에 의한 모방을 '의견에 의한 모방술' (doxomimētikē)로 부르되, 지식에 의한 모방을 '일종의 학적인 모방' (historikē tis mimēsis)으로 부르기로 하세.

테아이테토스 그렇다고 하죠.

손 님 그러면 이제 우리는 앞엣것을 사용해야만 하네. 왜냐하면 소피스테스는 앎이 있는 자들에 속하기보다는 모방하는 자들에 속하기 때문이네.

테아이테토스 물론 그렇죠.

손 님 이제 의견을 모방하는 자가 마치 쇠처럼 그가 건전한

자인지 아니면 자기 안에 일종의 틈을 지닌 자인지 살펴보기로 하세.

테아이테토스 그렇게 하죠.

손 님 실로 그는 매우 큰 틈을 갖고 있네. 왜냐하면 그들 가운데는 자기가 의견만 갖고 있는 것들을 인식하고 있
268a 다고 생각하는 소박한 사람도 있지만, 논의에서의 닳고닳음 때문에 남들에게 마치 지자(知者)처럼 가장했던 그런 것들에 대해서 그가 무지하지나 않은가 하는 의구심과 두려움을 크게 자아내는 다른 이의 모습도 있기 때문이네.

테아이테토스 물론 선생님께서 말씀하신 각각의 부류의 사람들이 있습니다.

손 님 그렇다면 우리는 한 부류는 일종의 '단순한 모방자' (ho haplous mimētēs)지만, 다른 부류는 '시치미떼는 모방자' (ho eirōnikos mimētēs)라고 놓아야겠지?

테아이테토스 어쨌든 그런 것 같습니다.

손 님 그리고 뒤엣것에 대해서도 또한 한 부류라고만 할까, 아니면 두 부류라고 할까?

테아이테토스 이는 선생님께서 살펴보시죠.

b 손 님 나는 살펴보고 있는 중이네. 그것은 내겐 두 부류로 보이네. 내가 알기로는 한쪽은 공공연히 긴 논의를 통해 대중을 상대로 기만할 수 있는 자이지만, 다른 쪽은 사사로이 짤막한 논의를 통해 대화자가 자기모순에 빠지도록 몰고 가는 자이네.

테아이테토스　지당하신 말씀입니다.

손　　님　그렇다면 우리는 논의를 길게 늘이는 자를 누구라고 단언해야 할까? 정치가인가 아니면 대중연설가인가?

테아이테토스　대중연설가입니다.

손　　님　그리고 다른 쪽은 무엇이라고 말해야 할까? 지혜로운 자(sophos)인가 아니면 소피스테스(sophistikos)인가?

테아이테토스　지혜로운 자일 수는 없습니다. 왜냐하면 우리는 그를 앎이 없는 자로 놓았으니까요. 그러나 그는 지혜로운
c 자의 모방자이므로 분명히 이 말에서 파생된 어떤 이름을 얻을 것이며, 저도 이미 대충 이 사람을 바로 저 그야말로 진짜 '소피스테스'라고 불러야 한다는 것을 알고 있었습니다.

손　　님　그렇다면 우리는 전에 했던 것처럼 끝에서부터 처음에 이르기까지 엮음으로써 그의 이름을 묶어볼까?

테아이테토스　물론입니다.

손　　님　그것은 〔지자가 아니면서 지자의〕 흉내를 내는 짓, 논의를 통해 자가당착으로 몰고 가는 짓(enantiopoiologikē), 〔지식은 없이〕 의견만 갖고 시치미떼는 부분, 영상제작술 가운데서도 말로써 신적인 것이 아닌
d 인간적인 '닮아보이는 것'(유사영상)을 만들어내는 요술을 부리는 짓인데, 누가 "이 가계와 혈통"에 진짜 소피스테스가 속한다고 말한다면, 그는 무엇보다도 진실을 말한 것 같네.

테아이테토스　그렇고말고요.

말뜻풀이

▪ 게노스(genos)

플라톤에게 있어서 'eidos' 와 같은 뜻으로, 또는 그보다 상위개념으로 쓰인다. 이것들은 그에게 있어서 중요한 철학적 전문용어로도 쓰이는데, 'eidos' 는 'idea' 와 마찬가지로 '형태', '모양', '외관', '성질', '종류', '종', '모습', '보임새', '본모습' 등의 뜻을 지닌다. 이것들은 또한 플라톤의 원전 속에서 일상언어로 그대로 쓰이면서, 이에 기반을 두고 그 의미가 확장되거나 전용되고 있다. 플라톤의 전문용어로서의 '이데아' 나 '형상' 은 사물 또는 존재의 '본모습' 또는 '참모습' 으로, 우리 육안에는 보이지 않으나 '지성' (nous)에 의해서 보게 되는 것이라는 뜻으로 쓰인 말들이다.

▪ 노모스(nomos)

원래 '관습' 을 의미했으며, 관습의 사회적 구속성 때문에 '법' 의 의미를 갖게 되었다. 이 낱말은 또한 시가(詩歌)의 '가락' (melody, strain)을 의미하기도 한다. 'nomos' 의 이 세 뜻이 서로 맞물려 있어서 시가의 가락이 그냥 가락일 수만은 없으며, 그것의 변화는 결국 국법(國法)과 사회의 관습을 뒤흔들어놓을 수도 있다는 것이 플라톤의 생각이다.

▪ 누스(nous, 지성)

플라톤에게 있어서 'nous' 는 형상인식의 주체이며 직관능력이다. 이 능력을 적극적으로 계발하여 참된 지혜를 갖게 되지 않고는 참된 의미의

치자가 될 수 없다는 것이 그의 지론이다. 또한 'nous' 는 플라톤의 존재론적 논의와 맞물린 인식주관의 능력 또는 힘(dynamis)이고, 그 고유의 대상이 '지성에 의해서〔라야〕 알 수 있는 부류' (to noēton genos), 즉 이데아 또는 형상이다. 그리고 이 'nous' 의 인식작용 또는 인식기능을 noēsis, 즉 '지성에 의한 앎(이해)' 또는 '직관' 이나 '사유' 라 한다(박종현 옮김, 『국가』, 436쪽, 508c 주석 참조).

■ 데미우르고스(dēmiourgos)

장인(匠人) 또는 장색(匠色)을 뜻하며, 원래 '민중(dēmos)에게 필요한 것을 만들어내는 자' 를 뜻한다. 그리고 이 사람의 제작행위를 dēmiourgia라 한다.

■ 독사(doxa)

'소신', '판단', '의견' 등으로 옮겨지나, 그것은 그 논거(logos), 즉 그 이론적 근거에 아직 이르지 못한 단계의 것이다. 이에 이른 것은 인식, 즉 지식(epistēmē)이다. 'doxa' 는 비록 그것이 '바른 의견(판단)' (orthē doxa)이나 '진실된 의견' (alēthēs doxa)이라 할지라도 'doxa' 에 지나지 않지 인식이나 지식이 못 되는 것은 그 때문이다. 또한 어떤 사람에 대해 여러 사람이 갖는 의견은 '평판' 이 되며, 그것이 좋은 것일 땐 '명성' 이 된다. 그래서 'doxa' 에는 평판이나 명성의 뜻도 담겨 있다.

■ 디나미스(dynamis)

어떤 것에 작용을 미치는 능동적인 힘 및 어떤 것에서 겪는 수동적인 힘을 모두 포함한다. 이를테면 내 손의 온기는 돌에 작용을 미쳐 그걸 따뜻하게 한다. 하지만 그건 또한 얼음에 의해 겪게 되어서 차게 된다.

■ 디아노이아(dianoia)

'사고', '생각', '마음', '추론적 사고' 등으로 옮겨진다.

▪ 디카스테스(dikastēs)

아테네의 경우 현실적으로는 '배심원' 이었다. 그러나 플라톤이 말하는 것은 원론적인 것이기 때문에 글자 그대로 '판관' 또는 '재판관' 으로 이해해야 할 것이다.

▪ 디카이오시네(dikaosynē)

흔히 '정의' 로 옮겨지나, 플라톤의 경우 더 적절히 옮긴 말은 '올바른 상태' (올바름)일 것이다.

▪ 디케(dikē)

본래 '관습', '정의', '올바름' 을 뜻하는 말이며 '징벌' 의 의미도 갖는다.

▪ 로고스(logos)

말(logos)을 사용하는 능력, 즉 말들(logoi)을 매개로 해서 사유(dianoia)하는 능력으로 이성(logos)이다. 논의, 진술, 명제 등으로 옮기기도 한다.

▪ 로기스모스(logismos)

'셈', '헤아림', '논리적인 추론' 등을 뜻한다.

▪ 메텍시스(methexis)

이데아 내지 형상이 사물들과 맺고 있는 관계를 나타내는 용어 가운데 하나이다. 이를테면 아름다운 사물이 아름다운 것은 '아름다움 자체' (auto to kalon)에 그 사물이 '관여' (methexis)하기 때문이다.

▪ 메토도스(methodos)

'추적', '방법' 등으로 옮겨지며, '나중에' 를 뜻하는 전치사 meta와 '길' 을 뜻하는 명사 hodos가 결합하여 생긴 말로 '길을 뒤쫓아감' 을 뜻한다. 이를테면 누군가가 등산로를 발견하기까지는 힘든 과정을 거칠 수밖에 없다. 그러나 그가 일단 등산로를 발견하면, 다른 사람들이 그 길을 뒤좇아가는 것은 수월하다. 이렇듯 '방법' 이란 누군가가 힘들게 만들어 놓은 길을 수월하게 뒤좇아감을 뜻한다.

▪ 메트론(metron)

'척도' 를 뜻하나 그 자체가 '척도에 맞는 것', 즉 적도(to metrion)를 의미하기도 한다. 그리고 균형을 의미하는 to symmetron은 metron에 sym-이 덧붙여져 만들어진 말이다. 그것은 to metrion과도 대체로 같은 뜻을 지니나, 대칭적 관계를 나타내는 경우의 균형의 뜻을 지니고 있어서 아름다움의 원인이 된다. 이에 비해 '적도' 는 중용(metriotēs)으로서의 훌륭함(aretē)이나 어떤 적도 현상들의 원인인 셈이다.

▪ 모이라(moira)

'제비' 를 뜻하며, '운명' 을 뜻하기도 한다. 이를테면 『국가』 10권에 기술된 Er 신화에서 이 말은 제비, 운명, 몫을 다 뜻하는 말임을 보여준다. 따라서 '제비에 의해 뽑힌' 은 '운명적으로 선출된' 을 의미할 수도 있다. 실제로 아테네에서는 많은 관직이 추첨에 의해 임명되었다.

▪ 무시케(mousikē)

'음악' 이 아니라 '시가' 로 옮겨지는데, 그 까닭은 시(詩)가 노래의 형태로 음송되던 헬라스 문화의 특성 때문이다(박종현 옮김, 앞의 책, 70쪽, 333d 주석 참조). 이 말은 Mousa가 관장하는 기예(技藝 : technē)라는 뜻이다. 시인들은 시적 영감을 얻어 시를 짓게 되는 것을 Mousa 덕분으로 여긴다. Mousa는 아홉 자매여서 흔히 복수형태(Mousai)로 불리는데, 이들은 제우스와 Mnēmosynē 사이에서 태어난 딸들이다. 시가와 춤, 철학이나 천문학 등 모든 지적 탐구도 이들의 소관사이다.

■ 무시코스(mousikos)

헬라스인들에게 있어서 '시가에 능하거나 밝은 사람', 곧 '교양 있는 사람' 이었다. 왜냐하면 본격적인 지혜에 대한 활동인 철학이 있기 이전의 헬라스인들에게 시가(mousikē)는 그들의 교양교육의 전부였기 때문이다.

■ 미토스(mythos)

신화, 설화, 그럴 법한 이야기 등으로 옮기며, 보통은 엄격한 학적 논의로서의 logos와 대비되는 개념으로 이해된다. 경우에 따라서는 logos와 구별 없이 쓰이기도 한다.

■ 아레테(aretē)

흔히 '덕' 으로 옮겨져 왔다. 이 말은 본래 모든 사물이 이를 수 있는 그 종류 나름의 '훌륭한 상태', 즉 '좋은(agathos) 상태' 를 의미하는 것으로, 그 종류 나름의 '기능' (ergon) 또는 '구실', 즉 '특유의 기능' 과 관련되어 있는 말이다. 이를테면 '좋은 눈' 이라 말할 때, 이는 눈의 기능과 관련해서 하는 말이다. 그리고 모든 인위적인 산물도 그것들의 유용성 및 기능과 관련된 '훌륭한 상태' 를 전제로 하여 만들어지고 있다. '좋은 칼' 이라든가 '좋은 낫' 이라 말함은 그 때문이다. 이런 '훌륭한 상태' (훌륭함)를 aretē라 한다.

■ 아메트리아(ametria)

메트론(metron)이 결여된 상태를 뜻하는 말로 '불균형' 으로 옮긴다.

■ 아이도스(aidōs)

부끄러움, 염치, 신이나 타인에 대한 공경, 자존하는 마음 등을 두루 의미하는 말이다.

▪ 아이스테시스(aisthēsis)

보고 듣고 만지고 맛보고 냄새 맡는 오관의 기능으로 플라톤에게 있어서 지성(nous)에 대비되는 인식주관의 한 측면인 '감각'(지각)이다. 그리고 이것의 대상이 되는 것들은 '감각에 의해 지각할 수 있는 것들'(ta aisthēta)로서 오관에 의해 지각되는 것들이다.

▪ 아이티아(aitia)

플라톤에게 있어서 'synaitia'와 대비적인 개념으로 사용되고 있다. 플라톤은『파이돈』99b3~4에서 '진짜 원인'과 '그것 없이는 원인이 결코 원인일 수 없는 것'을 구별하고 있는데, 앞엣것은 여기에서의 '원인'을, 뒤엣것은 '보조적 원인'을 뜻한다. 특히 이 문제와 관련해서는『티마이오스』97e~99c에서 본격적으로 논급하고 있다.

▪ 알레테이아(alētheia)

a-(非)와 lēthē(망각)의 합성어이다. 글자 그대로 옮기면 '비망각의 상태'로서, 즉 '진리'란 '잊지 않은 상태'라는 것이다. 따라서 진리인식은 우리의 인식주관이 망각상태에서 벗어나는 데서 비로소 가능하다. 플라톤은『국가』10권에 기술된 Er 신화를 통해서 진리인식이 상기(anamnēsis)설과 연관되어 있음을 시사하고 있다.

▪ 에이나이(einai) · 온(on)

'einai'는 영어로 to be에 'on'은 being에 해당되는 중성형 현재분사이다.『소피스테스』에서 'einai'에 중요한 두 뜻이 있음을 밝히고 있는데, 하나는 '있다'의 뜻이고 다른 하나는 '…이다'의 뜻이다. 따라서 to on의 경우에도 이 두 뜻은 그대로 있어서 '있는 것'과 '…인 것'이 된다. 그것들에 부정을 나타내는 말인 mē나 ou 또는 ouk가 그 앞에 첨가되면 '있지 않다', '…이지 않다'로, 그리고 '있지 않은 것', '…이지 않은 것' 으로 된다.

▪ 에이콘(eikōn)

'모사물' 로 옮겨지며, 완전한 실재인 '형상' 과 닮은 것을 뜻하는 말이다. 이를테면 목수는 단일한 형상을 본으로 해서 침대를 만든다. 이때 목수가 만든 침대는 이 실재와 닮은 것으로서, 완전한 실재성을 갖는 것은 아니다. 그것은 실재의 상들일 뿐인 감각적인 사물들의 세계에 속한다. 이것은 236b7의 phantasma와 구별된다. 그러나 다른 경우에 이 말들은 서로 혼동해서 쓰이기도 한다.

▪ 에르곤(ergon)

원래 '일', '일의 결과', 즉 '제작물' 이나 '실제 행위', 고유의 '할 일' 등의 뜻을 갖는다.

▪ 에토스(ēthos, 성격 또는 성품)

플라톤에게 있어서 ethos(습관, 버릇)에서 형성되고, '습관' 은 반복되는 몸가짐이나 마음가짐으로 굳어진 '습성' (굳어진 상태 : hexis)에서 비롯된 것이라는 것이다.

▪ 에피스테메(epistēmē)

플라톤의 인식론에서는 작용인 '인식' 과 그 소산인 '지식' 을 다 가리킨다. 즉 이 말은 감각(aisthēsis)에 근거한 의견(doxa)에 대비해서 지성(nous)에 근거한 참다운 지식을 뜻한다.

▪ 엠프시콘(empsychon) · 아프시콘(apsychon)

'살아 있는 것' 과 '살아 있지 않은 것' 으로 옮겨진다. 이 말들은 psychē를 포함하고 있으므로 psychē가 생명의 근원임을 알 수 있다. 본래 헬라스어에서 이 말은 '숨', '호흡' 을 뜻했기 때문이다. 헬라스인들은 '숨' 을 살아 있는 것들의 징표로 여겨 'psychē를 갖고 있는 것' 은

'살아 있는 것' 이라고 생각했다. 피타고라스 학파에서의 혼(魂)의 불멸설도 같은 맥락에서이다. 그들은 혼은 살아 있는 것이므로, 영원히 산다고 생각했다.

■ 우시아(ousia)

genesis와 대조되는 말이다. 사물들은 끊임없이 생성 소멸한다. 반면 이데아들의 본성은 '언제나 똑같은 방식으로 한결같은 상태로 있는 것', 즉 실재성(ousia, 본질)이다. 그래서 이데아 내지 형상을 ousia로 말할 때, 그것은 무엇보다도 '실재성을 지닌 것' 을 가리킨다.

■ 이데아(idea)

idein(봄), eidos는 각기 eidō(본다)라는 말에서 유래한다. 우리가 사물들을 볼 때 사물들이 종류에 따라 보이는 모양, 보임새, 형태, 성질, 특성, 모습, 그리고 그런 성질 또는 특성을 갖는 종류나 부류, 종(種) 등을 뜻하는 이 말을 플라톤은 경우에 따라 지성(nous)이 알아보는 대상(엄밀히는 그것이 보이는 '보임새')이라는 의미의 전문적 용어로 전용하기도 했는데, 이를 우리가 '이데아' 또는 '형상' 이라고 말하게 된 것이니 이데아나 형상은 사물의 '본모습' 을 가리키는 말이라고 이해하는 게 옳겠다(박종현 옮김, 앞의 책, 454쪽, 517c 주석 참조).

■ 카키아(kakia)

훌륭함(훌륭한 상태, aretē)과 반대되는 상태를 뜻하며 '나쁨', '나쁜 상태', '악덕' 등으로 옮겨진다.

■ 코이노니아(koinōnia)

'협력(공동) 관계', '공동체', '공유', '관여', '결합', '교합' 등의 뜻이 있다. 이 용어는 특히 형상과 사물들 간의 관계 및 형상들 상호간의 관계를 나타내는 말로도 쓰인다.

▪ 테크네(technē)

어떤 전문분야에서의 '재주', '솜씨'를 의미하며, 특히 어떤 '전문적인 지식', '기술', '방법', 체계를 의미한다. 그것은 학술이나 기술 또는 논쟁술이나 변증술에서처럼 '-術'에 해당한다.

▪ 파라데이그마(paradeigma)

보기, 예, 본, 본보기 등의 뜻이 있다. 플라톤에게 있어서 이 말은 '예'를 의미하기도 하지만, 이데아나 형상처럼 '본'을 의미할 때도 있다. 여기서는 앞엣것의 의미로 사용되고 있다. 플라톤은 『소피스테스』에서 본격적인 탐구방법을 먼저 예를 통해 제시하고 있으며, 이는 『정치가』에서도 볼 수 있다. 거기서 플라톤은 치술(治術)을 탐구하기 위한 방법의 예로서 직조술(hyphantikē)을 든다. 그리고 예를 사용하기에 앞서 예의 본성을 밝히는데, 이때에도 '예의 예'를 사용한다. 이때 예의 방법적인 의미도 드러난다(『정치가』 277e9~278c6 참조).

▪ 파루시아(parousia)

methexis처럼 형상과 사물들 간의 관계를 나타내는 말로서 '나타나 있게 됨'(parousia)으로 옮겨진다. 이를테면 아름다운 사물이 아름다운 것은 '아름다움 자체'가 그 사물에 나타나는 형태인 '나타나 있게 됨'에 의해서이다.

▪ 파이데이아(paideia)

'pais'와 연관된 말로서, 어린아이(pais)의 정신적인 미성숙상태를 성숙상태로 형성하는 것을 뜻한다. 이를테면 독일어의 Bildung에 상응하는데, Bildung은 정신적인 도야를 뜻하는 교양형성을 의미한다. 그런데 정신적인 미성숙아에 관여하는 paideia는 엄격성과 재미를 동시에 갖고 있어야 한다. 교육에서 '엄격성'을 뜻하는 헬라스어는 spoudē이며 '재미'

를 뜻하는 말은 paidia이다. 특히 뒤엣것은 paideia와 마찬가지로 'pais'와 관련되어 있는데, 본래 어린아이들은 장난이나 노는 것을 무엇보다 좋아한다. 따라서 어린아이들의 교양형성과 관련된 교육에서 paidia는 필수적이다. 그런 의미에서 paideia는 paidia이다. 플라톤의 대화편들에서도 대화가 어떤 계몽을 위해 이루어질 경우 거기에 필수적으로 paidia가 끼여들게 마련이다. 이를테면 『정치가』에서 정치가의 참모습을 파악하려는 진지하고 엄격한 논의 중에 지루함을 덜기 위해 논의의 목적에 기여하는 재미(놀이)로서 신화(mythos)가 끼여들어 있다.

▪ 파테마(pathēma)

'수동적인 상태'를 뜻하는 말이며, 포이에마(poiēma)는 '능동적인 상태'를 뜻하는 말이다. '수동적인 상태'나 '능동적인 상태'는 경우에 따라 여러 가지일 수 있다.

▪ 판타스마(phantasma)

Liddell & Scott의 *GREEK-ENGLISH LEXICON*에서 phantasia와 같은 의미를 갖는 것으로 밝혀져 있다(1916쪽 참조). 이걸 '닮아보이는 것'으로 옮긴 까닭은 그게 '모사물'(eikōn)의 모방물이기 때문이다. 즉 그건 진상을 '닮은 것'이 아니라 '닮은 것을 닮은 것'이다. 이를테면 화가는 형상 아닌 기술자(장인)의 제작물을 모방한다.

▪ 프로네시스(phronēsis)

'슬기'로 옮기며 경우에 따라 '사려분별' 및 '지혜'로도 옮길 수 있다. 이 말은 플라톤에게 있어서 대개의 경우 sophia와 같은 의미로 쓰인다. 아리스토텔레스는 이것을 '철학적 지혜'(sophia) 및 지식(epistēmē)과 구별하여 '실천적 지혜'의 뜻으로 쓰고 있다. 플라톤의 경우 철학적 인식은 동시에 실천적 지혜이기 때문에 phronēsis와 sophia는 이처럼 교체적으로 쓰인다.

▪ 프시케(psychē)

본래 숨, 목숨을 뜻했다. 따라서 비단 인간만이 아니라 모든 생물은 psychē를 지니고 있다. 그런데 헬라스인들은 인간의 혼(psychē)에서 인간을 인간답게 하는 인간 특유의 기능을 발견했는데, 소크라테스는 그걸 이성(logos)으로, 플라톤은 지성(nous)으로 말했다. 우리의 혼 안에 있는 이런 측면이야말로 인간을 단순한 생물이 아닌 인간이게 하는 것이다.

▪ 피시스(physis)

영어 nature에 해당하는 말로서, 여러 뜻이 있지만 중요한 뜻으로는 '자연', '성질', '본성', '성향', '자질', '자연의 이치' 등이 있다.

▪ 필로소피아(philosophia)

원래 지혜(sophia)를 사랑하는 행위, 즉 지혜에 대한 사랑을 의미했을 뿐이었으나, 그런 행위가 거두는 학문적 성과나 그런 성격의 학구적인 탐구활동을 가리키는 말로 바뀌어갔다. 플라톤의 대화편들에서 이 말은 이 두 의미로 쓰이고 있다.

▪ 하마르테마(hamartēma)

본래 목표를 빗나간 것, 즉 과녁을 적중하지 못한 것을 뜻하는 말로서, '잘못' 내지 '죄'로 옮긴다. 그렇기 때문에 '잘못' 내지 '죄'는 본인의 노력에 따라 언제든지 개선 가능한 것이다. 이는 인간의 경우 자신의 조건을 받아들여 최선을 다하라는 것으로 이해될 수 있다. 아닌게 아니라 이러한 헬라스적인 사유는 "주어진 것을 선용할지니"(to paron eu poiein)라는 헬라스인들의 속담에서 단적으로 찾아볼 수 있다. 이를테면 만일 인격도 하나의 주어진 것이라면, 그 인격의 선함과 악함은 정해져 있는 것이 아니라 우리가 그것을 어떻게 형성하느냐에 따라 결정된다. 이렇듯 선악

이 결정되어 있지 않다는 점에서 헬라스인들의 죄 개념은 기독교의 원죄와는 차이를 보인다.

▪ 헥시스(hexis)

원래 '가짐'(having), '소유'를 뜻하는 말이다. 그런데 우리가 '몸가짐'이나 '마음가짐'을 일정한 방식으로 오래도록 반복할 것 같으면, 그것은 어느결에 '습성'이 되고 어떤 사람에게는 '굳어진 〔마음의〕 상태' 및 '성격 상태'가 된다. 영어 habit의 어원인 라틴어 habitus도 hexis와 거의 같은 뜻을 가지고 있다(박종현 옮김, 앞의 책, 308쪽, 443e 주석 참조).

▪ 히포테시스(hypothesis)

글자 그대로 '밑에 놓인 것' 또는 토대로서 '가정'을 의미한다.

플라톤 연보

469년 소크라테스 출생.

429년 페리클레스 사망.

428/427년 플라톤 출생. 출생년도가 이중으로 제시된 것은 플라톤이 태어났다는 5~6월이 전년인지 아니면 후년인지 분명치 않기 때문이다. 당시 아테네의 역법에서 새해의 첫 달은 오늘날의 태양력으로 치면 7월 중순에서 8월 중순에 해당된다.

411년 과두파 사람들은 민주파 사람들을 암살하고 평의회(boulē)와 민회(ekklēsia)를 협박한다. 그리고 민회에서 급진적 민주파 인사로 알려져 있던 페이산드로스가 과두파로 변신하여 '400인평의회'의 구성을 제안해 이를 통과시킨다. 400인평의회를 구성한 다음 이들은 전권을 휘둘렀으나, 불과 4개월 뒤 이들 중 한 사람이었던 테라메네스가 중도파를 표방하고 나서면서 이 평의회는 무너지고 410년부터 완전한 민주정치가 회복된다. 이것은 플라톤이 16, 17세 때 일어난 사건들이다.

404년 이 해 4월 아테네가 스파르타에 항복한 뒤(펠로폰네소스 전쟁의 종결) 스파르타의 세력을 등에 업은 과두파 세력이 다시 그들의 정권을 세운다. 이 30인 과두정권에는 외숙 카르미데스와 외당숙 크리티아스가 포함되어 있다. 이 정권은 이전보다도 훨씬 형편없는 정치를 했고, 자기들이 하는 어떤 일에 소크라테스까지 연루시키려다가 실패한다. 이 정권은 민주파에 의해 무너지고, 그들의 90일 천하가 막을 내린다.

399년 소크라테스 사망. 민주정권에 의해 젊은이들을 타락시키고 국가가 믿는 신들을 믿지 않는다는 두 가지 죄목으로 고발된 소크라테스는 배심원들의 근소한 표차로 사형판결을 받은 지 한 달 후 독배(毒杯)를 마시고 죽는다. 향년 70세의 일로, 플라톤의 나이는 28세였다.

387년 40세가 된 이 해에 플라톤은 시켈리아(시칠리아), 특히 이 섬 동쪽 해안에 있는 시라쿠사이를 여행했다고 전해진다(제1차 시켈리아 방문). 거기서 당시의 참주 디오니시오스 1세와 참주의 처남인 디온이라는 젊은이를 만난다. 플라톤은 이 젊은이로 인해 훗날 이 섬을 두 번이나 다시 방문하게 된다. 플라톤이 40세가 될 때까지 무슨 일을 했는지는 분명치 않으나, 그가 남긴 대화편들 중 초기의 것들로 추정되는 것은 『소크라테스의 변론』, 『크리톤』, 『에우티프론』, 『카르미데스』, 『라케스』, 『소히피아스』, 『이온』, 『프로타고라스』, 『리시스』, 『대히피아스』, 『에우티데모스』, 『메넥세노스』, 『고르기아스』, 『국가』 제1권 등이다.

385년 42세에 아테네로 돌아온 플라톤은 이후 그의 학문 활동의 본거지가 되는 아카데메이아를 세운다(이 학원은 기원후 529년까지 존속한다). 이 해에는 또한 아리스토텔레스가 태어났는데, 그는 17세(367년)에 이 학원에 입문하여 플라톤이 사망하기까지 20년간 이곳에 머무르면서 학문 연구를 한다. 플라톤이 이 학원을 세울 무렵부터 60세까지 저술한 것으로 추정되는 대화편들은 『메논』, 『크라틸로스』, 『파이돈』, 『향연』, 『국가』 제2~10권, 『파이드로스』, 『파르메니데스』, 『테아이테토스』 등이다.

367년 플라톤이 60세 되는 이 해에 시라쿠사이의 디오니시오스 1세가 죽고, 아들 디오니시오스 2세가 그 뒤를 잇는다. 디온은 이 젊은 참주에게 철인치자의 사상을 심어주기 위해 플라톤을 스승으로 모셔오도록 설득하는 데 성공하여, 플라톤에게 그 뜻을 전하고 간청한다. 플라톤은 심한 심적 갈등을 겪은 끝에 초청에 응하여 그곳으로 갔다가(제2차 시켈리아 방문) 365년 다시 아테네로 돌아온다.

361년 디오니시오스 2세의 성화로 이 해 봄 그는 다시 시라쿠사이로 간다(제3차 시켈리아 방문). 그의 나이 66세였다. 이듬해 아테네로 돌아온 그는 사망할 때까지 13년 동안 활발히 학문 활동을 한다. 이 마지막 시기(365~347)에 저술된 대화편들은 『티마이오스』, 『크리티아스』, 『소피스테스』, 『정치가』, 『필레보스』, 『법률』 등이다.

348/347년 플라톤 사망. 향년 80세.

참고문헌

헬라스어 원전 전집

Platonis Opera I, Oxford Classical Texts. Oxford : Clarendon Press, 1900.

헬라스어 원전 및 번역 동시 수록 전집

Plato II, Loeb Classical Library. Harvard Univ. Press, 1952.

Platon Werke VI, Wissenschaftliche Buchgesellschaft, Darmstadt, 1971.

Platon II, Oeuvres Completès Association Guillaume Budé, Paris, 1982, 1989.

번역 및 주석서

Benardete, S., *The Being of the Beautiful, Plato's Theaetetus, Sophist, and Statesman*. Chicago and London, Chicago Univ. Press, 1984.

Bluck, R. G., *Plato's Sophist*(ed. by Neal, G.C.). Manchester Univ. Press, 1975.

Campbell, R. L., *Sophistes and Politikus of Plato*. Oxford, 1867.

______, "Plato" in *Encyclopedia Britannica*, Eleventh Edition, New York, 1910~11.

Cornford, F. M., *Plato's Theory of Knowledge*. London, 1957.

Klein, J., *Plato's Trilogy*. Chicago and London, Chicago Univ. Press, 1966.

Rijk, L. M. De, *Plato's Sophist.* Amsterdam/Oxford/New York, 1986.

Rosen, S., *Plato's Sophist, The Drama of Original and Image.* New Haven and London, Yale Univ. Press, 1968.

Seligman, P., *Being and Not-Being, An Intrduction to Plato's Sophist.* Martinus Nijhoff/The Hague, 1974.

박종현, 『플라톤』 메논 · 파이돈 · 국가, 서울대학교출판부, 1987.

______, 『국가 · 政體』, 서광사, 1997.

일반서적 및 논문

Rosen, S., *Plato' Sophist*에 실려 있는 'Bibliography' 참조.

박종현, 『希臘思想의 理解』, 종로서적, 1982.

H. G. Liddell & R. Scott, *GREEK-ENGLISH LEXICON.* Oxford : Clarendon Press, 1966.

박종현, 「플라톤의 結合理論」, 『西洋古典學硏究』 창간호, 1987.

김태경, 「플라톤의 후기 변증술」, 『哲學硏究』 42집, 哲學硏究會, 1998, 봄.

______, 「플라톤의 변증술에 있어서 나눔과 결합」, 『哲學』 58집, 韓國哲學會. 1999, 봄.

옮긴이의 말

플라톤의 대화편들은 구성형식뿐만 아니라 내용에서도 읽는 이들에게 하나같이 당혹감을 준다. 그것들은 산문이 아닌 대화형식의 글들이면서도 심오한 내용들로 구성되어 있기 때문이다. 특히 플라톤 원전을 헬라스어로 읽는 이들로서 그의 후기 대화편들을 접하게 되면 이런 당혹감은 더욱 커진다.

후기 대화편들 중에서도 『소피스테스』는 가장 읽기 어려운 대화편에 속한다. 이는 이 대화편이 플라톤의 철학적 방법의 현란한 본보기를 보여줄 뿐 아니라 가장 난해하고 핵심적인 철학적 내용들을 담고 있기 때문이다. 따라서 이 대화편을 읽고 옮기는 일은 그것 자체로도 힘들고 철학적인 노역(勞役)일 수 있으며, 무엇보다 아직 학문적 역량이 모자라는 옮긴이에게는 매우 벅찬 일이기도 하다. 그런데도 옮긴이는 하나의 모험을 감행했다. 그 까닭은 학문하는 사람에게 학문적인 모험은 지적으로 성숙해가는 데 필요한 요소가 될 수 있기 때문이며, 또한 아직 이 대화편의 헬라스어 원전 번역이 제대로 이루어져 있지 않기 때문이다.

하지만 옮긴이는 이 대화편의 헬라스어 원전을 번역해나가는 동안 이 모험이 그야말로 모험으로 그치는 게 아닌가 하는 우려를 떨칠 수 없었다. 왜냐하면 이 대화편을 읽어가면 갈수록 그 내용의 깊이와 폭을 쫓아가기 힘들었거니와, 경우에 따라서는 그의 사상을 제대로 표현할 수 있는 적절한 우리말을 찾는 데에도 한계를 느꼈기 때문이다. 그러나 그러면 그럴수록 이를 해결해야겠다는 오기가 더욱 발동했으며, 그 때문에 한층 더 이 대화편에 몰입할 수 있었다. 『정치가』를 옮기는 일과 함께 이 일로 꼬박 2년을 보냈다. 그럼에도 불구하고 이 작업은 여러 면에서 부족함을 가지고 있을 것이다. 철학의 깊이는 삶의 깊이에 비례하기 때문이다.

이 번역은 '옥스퍼드 고전 원전' (Oxford Classical Texts) 가운데서 버넷(J. Burnet)이 편찬한 『플라톤 전집』(*Platonis Opera*) 제1권에 실려 있는 *Sophistēs*를 기본 대본으로 한 것이다. 그러나 경우에 따라서는 이 대본과 헬라스어 원문을 달리 읽은 경우도 있다. 그 경우는 그때마다 주석에서 밝혔다. 하지만 원문을 달리 읽는 이유에 관한 상세한 주석은 달지 않았다. 일반 독자를 염두에 두기도 했지만, 전공자라면 그 부분에 대한 주석서를 직접 찾아 읽을 수 있으리라고 생각했기 때문이다.

그리고 번역어와 관련해서 한 가지 밝혀두고자 한다. 이 대화편에서 가장 많이 등장하면서도 가장 옮기기 힘든 단어는 'to on' (복수는 'ta onta')이다. 이 말은 동사 'einai' 의 중성형 현재분사이다. einai는 영어로 to be, on은 being에 해당되는 말이다. 'einai' 에는 중요한 두 뜻이 있는데, 그 하나는 '있다' 이고, 다른 하나는 '…이다' 이다. 따라서 to on의 경우에도 이 두 뜻은 그대로 있어서, '있는 것' 과 '…인 것' 이 된다. 그것들에 부정을 나타내는 말인 mē 나 ou 또는 ouk가 그 앞에 첨가되면, '있지 않다' , '…이지 않다' 로, 그리고 '있지 않은 것' , '…이지 않은 것' 으로 된다. 그러나 이런 두 가지 뜻을 갖는 이 말은 문맥에 따라서 여러 가지로 해석될 수 있다. 그것은 어느 경우에는 참으로 실재하는 것인 '형상'으로, 다른 경우에는 구체적 사물로서의 '개별자'로 해석되기도 하고, 또한 '유적형상'들 가운데 하나를 지시하기도 한다. 그렇다면 이에 따라 번역어도 그때마다 달라야 할 것이다.

그러나 옮긴이는 이 말을 일관되게 '있는(…인) 것'으로 옮겼다. 그 까닭은 두 가지이다. 한 가지는 앞서 언급했듯 그 말이 헬라스어 자체에서 '있다'와 '…이다'의 뜻을 갖고 있는 'einai'의 현재분사이기 때문이다. 다른 한 가지는 독자들에게 있어서 고전 읽기란 다름 아닌 거기에 담긴 의미를 해석하는 것이기 때문이다. 즉 문제가 되는 말의 경우 그것의 의미를 해석하는 것은 독자의 몫이다.

또한 이 작업에서 중요한 한 가지 일은 이 글을 옮김과 동시에 옮긴이 주를 다는 것이었다. 이것도 헬라스의 철학과 문화에 대한 전체적인 조망이 부족한 옮긴이가 해내기엔 매우 힘든 일이었다. 아쉬운 대로 중요한 철학적 개념이나 문제가 되는 구절들에 대해서 기존의 주석서들을 읽어가면서 그때마다 주석을 달았다. 이때 특히 옮긴이의 은사이신 박종현 교수님의 저술이나 글에 실려 있는 내용들에 힘입은 바 크다. 이 기회에 한결같이 관심을 갖고 지도해주신 선생님께 깊은 감사를 드린다. 이렇게 해서 어느 정도의 주석을 달긴 했어도 만족스럽지 못함과 부끄러움을 떨쳐버릴 수 없다. 이 점은 앞으로 계속된 공부를 통해 개선하도록 노력할 것이다.

끝으로 여러 가지 어려운 상황 속에서도 플라톤 연구자로서 아직은 그렇게 알려져 있지 않은 옮긴이에게 이 책을 출판할 기회를 주신 한길사 김언호 사장님께 진심으로 감사의 뜻을 전한다. 그리고 이 번역 작업의 시작에서부터 책이 출간될 때까지 지켜보고 격려해주신 기획실의 이승우님, 각별한 성의로 이 책을 위해 애써주신 한길사 여러분에게도 큰 고마움을 표한다.

1999년 12월
옮긴이 김태경

찾아보기

GB

한길그레이트북스

한길 그레이트북스 042

소피스테스

지은이 플라톤
옮긴이 김태경
펴낸이 김언호
펴낸곳 (주)도서출판 한길사

등록 • 1976년 12월 24일 제74호
주소 • 413-120 경기도 파주시 광인사길 37
www.hangilsa.co.kr
E-mail: hangilsa@hangilsa.co.kr
전화 • 031-955-2000 팩스 • 031-955-2005

제1판 제1쇄 2000년 1월 25일
제1판 제8쇄 2015년 8월 31일

ΣΟΦΙΣΤΗΣ
by Platon

Translated by Kim Tae-kyoung
Published by Hangilsa Publishing Co., Ltd., Korea

값 22,000원
ISBN 978-89-356-5218-1 94160

한길그레이트북스 인류의 위대한 지적 유산을 집대성한다

1 관념의 모험
앨프레드 노스 화이트헤드 | 오영환

2 종교형태론
미르치아 엘리아데 | 이은봉

3·4·5·6 인도철학사
라다크리슈난 | 이거룡
2005 『타임스』 선정 세상을 움직인 100권의 책
『출판저널』 선정 21세기에도 남을 20세기의 빛나는 책들

7 야생의 사고
클로드 레비-스트로스 | 안정남
2005 『타임스』 선정 세상을 움직인 100권의 책
2008 『중앙일보』 선정 신고전 50선

8 성서의 구조인류학
에드먼드 리치 | 신인철

9 문명화과정 1
노르베르트 엘리아스 | 박미애
2005 연세대학교 권장도서 200선
2012 인터넷 교보문고 명사 추천도서
2012 알라딘 명사 추천도서

10 역사를 위한 변명
마르크 블로크 | 고봉만
2008 『한국일보』 오늘의 책
2009 『동아일보』 대학신입생 추천도서
2013 yes24 역사서 고전

11 인간의 조건
한나 아렌트 | 이진우 · 태정호
2012 인터넷 교보문고 MD의 선택
2012 네이버 지식인의 서재
2014 『한겨레』 새 고전 26선

12 혁명의 시대
에릭 홉스봄 | 정도영 · 차명수
2005 서울대학교 권장도서 100선
2005 『타임스』 선정 세상을 움직인 100권의 책
2005 연세대학교 권장도서 200선
1999 『출판저널』 선정 21세기에도 남을 20세기의 빛나는 책들
2012 알라딘 블로거 베스트셀러
2013 『조선일보』 불멸의 저자들

13 자본의 시대
에릭 홉스봄 | 정도영
2005 서울대학교 권장도서 100선
1999 『출판저널』 선정 21세기에도 남을 20세기의 빛나는 책들
2012 알라딘 블로거 베스트셀러
2013 『조선일보』 불멸의 저자들

14 제국의 시대
에릭 홉스봄 | 김동택
2005 서울대학교 권장도서 100선
1999 『출판저널』 선정 21세기에도 남을 20세기의 빛나는 책들
2012 알라딘 블로거 베스트셀러
2013 『조선일보』 불멸의 저자들

15·16·17 경세유표
정약용 | 이익성
2012 인터넷 교보문고 필독고전 100선

18 바가바드 기타
함석헌 주석 | 이거룡 해제
2007 서울대학교 추천도서

19 시간의식
에드문트 후설 | 이종훈

20·21 우파니샤드
이재숙
2005 서울대학교 권장도서 100선

22 현대정치의 사상과 행동
마루야마 마사오 | 김석근
2005 『타임스』 선정 세상을 움직인 100권의 책
2007 도쿄대학교 권장도서

23 인간현상
테야르 드 샤르댕 | 양명수
2007 서울대학교 추천도서

24·25 미국의 민주주의
알렉시스 드 토크빌 | 임효선 · 박지동
2005 서울대학교 권장도서 100선
2012 인터넷 교보문고 MD의 선택
2012 인터넷 교보문고 MD의 선택
2013 문명비평가 기 소르망 추천도서

26 유럽학문의 위기와 선험적 현상학
에드문트 후설 | 이종훈
2005 서울대학교 논술출제

27·28 삼국사기
김부식 | 이강래
2005 연세대학교 권장도서 200선
2012 인터넷 교보문고 필독고전 100선
2013 yes24 다시 읽는 고전

29 원본 삼국사기
김부식 | 이강래 교감

30 성과 속
미르치아 엘리아데 | 이은봉
2005 『타임스』 선정 세상을 움직인 100권의 책
2012 인터넷 교보문고 명사 추천도서
『출판저널』 선정 21세기에도 남을 20세기의 빛나는 책들

31 슬픈 열대
클로드 레비-스트로스 | 박옥줄
2005 서울대학교 권장도서 100선
2005 연세대학교 권장도서 200선
2008 홍익대학교 논술출제
2012 인터넷 교보문고 명사 추천도서
2013 yes24 역사서 고전
『출판저널』 선정 21세기에도 남을 20세기의 빛나는 책들

32 증여론
마르셀 모스 | 이상률
2003 문화관광부 우수학술도서
2012 네이버 지식인의 서재

33 부정변증법
테오도르 아도르노 | 홍승용

34 문명화과정 2
노르베르트 엘리아스 | 박미애
2005 연세대학교 권장도서 200선
2012 인터넷 교보문고 명사 추천도서
2012 알라딘 명사 추천도서

35 불안의 개념
쇠렌 키르케고르 | 임규정
2012 인터넷 교보문고 필독고전 100선

36 마누법전
이재숙 · 이광수

37 사회주의의 전제와 사민당의 과제
에두아르트 베른슈타인 | 강신준

38 의미의 논리
질 들뢰즈 | 이정우
2000 교보문고 선정 대학생 권장도서

39 성호사설
이익 | 최석기
2005 연세대학교 권장도서 200선
2008 서울대학교 논술출제
2012 인터넷 교보문고 필독고전 100선

40 종교적 경험의 다양성
윌리엄 제임스 | 김재영
2000 대한민국학술원 우수학술도서

41 명이대방록
황종희 | 김덕균
2000 한국출판문화상 번역부문 대상

42 소피스테스
플라톤 | 김태경

43 정치가
플라톤 | 김태경

44 지식과 사회의 상
데이비드 블루어 | 김경만
2002 대한민국학술원 우수학술도서

45 비평의 해부
노스럽 프라이 | 임철규
2001 『교수신문』 우리 시대의 고전

46 인간적 자유의 본질 · 철학과 종교
프리드리히 W.J. 셸링 | 최신한

47 무한자와 우주와 세계 · 원인과 원리와 일자
조르다노 브루노 | 강영계
2001 한국출판인회의 이달의 책

48 후기 마르크스주의
프레드릭 제임슨 | 김유동
2001 한국출판인회의 이달의 책

49 · 50 봉건사회
마르크 블로크 | 한정숙
2002 대한민국학술원 우수학술도서
2012 『한국일보』 다시 읽고 싶은 책

51 칸트와 형이상학의 문제
마르틴 하이데거 | 이선일
2003 대한민국학술원 우수학술도서

52 남명집
조식 | 경상대 남명학연구소
2012 인터넷 교보문고 필독고전 100선

53 낭만적 거짓과 소설적 진실
르네 지라르 | 김치수 · 송의경
2002 대한민국학술원 우수학술도서
2013 『한국경제』 한 문장의 교양

54 · 55 한비자
한비 | 이운구
한국간행물윤리위원회 추천도서
2007 서울대학교 추천도서
2012 인터넷 교보문고 필독고전 100선

56 궁정사회
노르베르트 엘리아스 | 박여성

57 에밀
장 자크 루소 | 김중현
2005 서울대학교 권장도서 100선
2000 · 2006 서울대학교 논술출제

58 이탈리아 르네상스의 문화
야코프 부르크하르트 | 이기숙
2004 한국간행물윤리위원회 추천도서
2005 연세대학교 권장도서 200선
2009 『동아일보』 대학신입생 추천도서

59 · 60 분서
이지 | 김혜경
2004 문화관광부 우수학술도서
2012 인터넷 교보문고 필독고전 100선

61 혁명론
한나 아렌트 | 홍원표
2005 대한민국학술원 우수학술도서

62 표해록
최부 | 서인범 · 주성지
2005 대한민국학술원 우수학술도서

63 · 64 정신현상학
G.W.F. 헤겔 | 임석진
2006 대한민국학술원 우수학술도서
2005 연세대학교 권장도서 200선
2005 프랑크푸르트도서전 한국의 아름다운 책100
2008 서우철학상
2012 인터넷 교보문고 필독고전 100선

65 · 66 이정표
마르틴 하이데거 | 신상희 · 이선일

67 왕필의 노자주
왕필 | 임채우
2006 문화관광부 우수학술도서

68 신화학 1
클로드 레비-스트로스 | 임봉길
2007 대한민국학술원 우수학술도서
2008 『동아일보』 인문과 자연의 경계를 넘어 30선

69 유랑시인
타라스 셰브첸코 | 한정숙

70 중국고대사상사론
리쩌허우 | 정병석
2005 『한겨레』 올해의 책
2006 문화관광부 우수학술도서

71 중국근대사상사론
리쩌허우 | 임춘성
2005 『한겨레』 올해의 책
2006 문화관광부 우수학술도서

72 중국현대사상사론
리쩌허우 | 김형종
2005 『한겨레』 올해의 책
2006 문화관광부 우수학술도서

73 자유주의적 평등
로널드 드워킨 | 염수균
2006 문화관광부 우수학술도서
2010 동아일보 '정의에 관하여' 20선

74·75·76 춘추좌전
좌구명 | 신동준

77 종교의 본질에 대하여
루트비히 포이어바흐 | 강대석

78 삼국유사
일연 | 이가원 · 허경진
2007 서울대학교 추천도서

79·80 순자
순자 | 이운구
2007 서울대학교 추천도서

81 예루살렘의 아이히만
한나 아렌트 | 김선욱
2006 『한겨레』 올해의 책
2006 한국간행물윤리위원회 추천도서
2007 『한국일보』 오늘의 책
2007 대한민국학술원 우수학술도서
2012 yes24 리뷰 영웅대전

82 기독교 신앙
프리드리히 슐라이어마허 | 최신한
2008 대한민국학술원 우수학술도서

83·84 전체주의의 기원
한나 아렌트 | 이진우 · 박미애
2005 『타임스』 선정 세상을 움직인 책
『출판저널』 선정 21세기에도 남을 20세기의 빛나는 책들

85 소피스트적 논박
아리스토텔레스 | 김재홍
교보문고 대학 신입생을 위한 추천도서

86·87 사회체계이론
니클라스 루만 | 박여성
2008 문화체육관광부 우수학술도서

88 헤겔의 체계 1
비토리오 회슬레 | 권대중

89 속분서
이지 | 김혜경
2008 대한민국학술원 우수학술도서

90 죽음에 이르는 병
쇠렌 키르케고르 | 임규정
『한겨레』 고전 다시 읽기 선정
2006 서강대학교 논술출제

91 고독한 산책자의 몽상
장 자크 루소 | 김중현

92 학문과 예술에 대하여·산에서 쓴 편지
장 자크 루소 | 김중현

93 사모아의 청소년
마거릿 미드 | 박자영
20세기 미국대학생 필독 교양도서

94 자본주의와 현대사회이론
앤서니 기든스 | 박노영 · 임영일
1999 서울대학교 논술출제
2009 대한민국학술원 우수학술도서

95 인간과 자연
조지 마시 | 홍금수

96 법철학
G.W.F. 헤겔 | 임석진

97 문명과 질병
헨리 지거리스트 | 황상익
2009 대한민국학술원 우수학술도서

98 기독교의 본질
루트비히 포이어바흐 | 강대석

99 신화학 2
클로드 레비-스트로스 | 임봉길
2008 『동아일보』 인문과 자연의 경계를 넘어 30선
2009 대한민국학술원 우수학술도서

100 일상적인 것의 변용
아서 단토 | 김혜련
2009 대한민국학술원 우수학술도서

101 독일 비애극의 원천
발터 벤야민 | 최성만 · 김유동

102·103·104 순수현상학과 현상학적 철학의 이념
에드문트 후설 | 이종훈
2010 대한민국학술원 우수학술도서

105 수사고신록
최술 | 이재하 외
2010 대한민국학술원 우수학술도서

106 수사고신여록
최술 | 이재하
2010 대한민국학술원 우수학술도서

107 국가권력의 이념사
프리드리히 마이네케 | 이광주

108 법과 권리
로널드 드워킨 | 염수균

109·110·111·112 고야
홋타 요시에 | 김석희
2010 한국간행물윤리위원회 추천도서

113 왕양명실기
박은식 | 이종란

114 신화와 현실
미르치아 엘리아데 | 이은봉

115 사회변동과 사회학
레이몽 부동 | 민문홍

116 자본주의·사회주의·민주주의
조지프 슘페터 | 변상진
2012 대한민국학술원 우수학술도서
2012 인터파크 이 시대 교양 명저

117 공화국의 위기
한나 아렌트 | 김선욱

118 차라투스트라는 이렇게 말했다
프리드리히 니체 | 강대석

119 지중해의 기억
페르낭 브로델 | 강주헌

120 해석의 갈등
폴 리쾨르 | 양명수

121 로마제국의 위기
램지 맥멀렌 | 김창성
2012 인터파크 추천도서

122·123 윌리엄 모리스
에드워드 파머 톰슨 | 윤효녕 외
2012 인터파크 추천도서

124 공제격치
알폰소 바뇨니 | 이종란

125 현상학적 심리학
에드문트 후설 | 이종훈
2013 인터넷 교보문고 눈에 띄는 새 책
2014 대한민국학술원 우수학술도서

126 시각예술의 의미
에르빈 파노프스키 | 임산

127·128 시민사회와 정치이론
진 L. 코헨 · 앤드루 아라토 | 박형신 · 이혜경

129 운화측험
최한기 | 이종란

130 예술체계이론
니클라스 루만 | 박여성 · 이철

131 대학
주희 | 최석기

132 중용
주희 | 최석기

133 종의 기원
찰스 다윈 | 김관선

134 기적을 행하는 왕
마르크 블로크 | 박용진

• 한길그레이트북스는 계속 간행됩니다.